手仕事礼讃

林ことみ

はじめに

現代では縫い物や編み物はもっぱらホビーとして日々の暮らしから切り取られたようになっていますが、本来は必要だから、手に入らないから作る、というところから生まれた手仕事であるはずで、私は毎日掃除や料理をするように針仕事を組み込んだ暮らしを目指しています。

振り返ってみれば必要だから作る、という事は私にとって手づくりの原点でした。子供の頃は母の手作り服、手編みセーターで育ち、大学時代は通学用のバッグを作り、セーターを編み、子供が生まれてからは経済的な理由や、既製品がサイズに合わない等の理由で子供や家族のために手づくりをしてきました。

手づくりをしないのは上手にできないから、という理由もしばしば聞かれますが気にする事はありません。息子の通っていた幼稚園から子供が他の子の園服と間違えないように、マークを付けるように言われたことがありました。当時、近所の方達がお下がりを回してくれたのですが我が家に回ってきた服にはシミが何カ所もついていました。そこで私はそれを隠すために星のアップリケをしてマーク付けと同時にシミかくしをしました。入園式では上手な可愛いマークを付けた子もいれば、何のキャラクターかな〜と思う様なマークもありましたが、どれもお母さんの気持ちが込められていたように感じましたし、着ている子供達も自慢げでした。手仕事の盛んなスウェーデンには「ヘムスロイド（家庭内手工芸）」という言葉がありますが、園服のマーク付けはまさにヘムスロイドの一つと言えそうです。

２０００年から毎年のように北欧に出かけるようになって、各地の伝統的なニットや刺しゅう等を目にする機会が増えました。最初はただ綺麗！　と認識するだけでしたがその背景を知ると、ちょっと大袈裟な言い方ですが土地や民族は違っても手づくりをするコンセプトは同じなのではないか、という思いに至ります。針を持ったときは必要から嫌々始めるのかもしれませんが、いつしかオリジナルの味付けをしたくなり、それが次のデザインや技術につながってきているのでしょう。

創造性に気づかせる話をカナダのカウチンセーターの歴史に詳しい方から伺ったことがあります。カウチンセーターの故郷であるアラスカにはもともとニットの伝統はなかったのですが、イギリスから入植してきた人達がニットを広め、現地の方々も編むようになったのだそうです。編み込み柄のモチーフは身近な魚や鳥、波で（余談ですが刺し子のモチーフも猫の目や肉球、そろばん、トンボ、蝶々など身近なところからイメージしていますので発想は同じです）、他の人の編んだ柄が素敵だと思ったら使わせて欲しい、と頼みに行き、そのかわり自分が考えた柄を使って下さい、とパターンの物々交換をして柄が増えていったのだそうです。

今は世の中に品物が満ちあふれ、簡単に、しかも廉価で手に入る時代ですが、本当に自分が必要としている物が見つかるとはかぎりません。自分や家族のために気に入った物、必要な物をじっくり作る事は現代では贅沢なことと言えます。そして、こういうことこそが生活の中で一番欠けている事ではないでしょうか。日々の暮らしの中ではプロの職人技やクオリティを求められているわけではありません。欲しい物を作る時間、出来上がったときの満足感は心をほぐしてくれます。毎日少しの時間で十分ですので暮らしの中に手仕事を組み込んでみませんか。本書が少しでも皆様のお役に立てれば幸いです。

目次

縫うこと

2 はじめに
10 針道具のこと
16 針と糸と繕いもの
22 ジーンズリメイク
28 パッチワークを生かす
34 実用刺しゅう
40 シーチングの袋
46 携帯エマージェンシー袋
52 手ぬぐいハンカチ
58 雑巾を縫う
60 ちょっと一息つくおやつマット
62 セーターリメイク
64 裂き織りカーペット

65 暮らしの手仕事

編むこと

82 ニットと編み物
86 グラニースクエア
92 フェルティング
98 レースのカーテン
104 プラーンの裂き編み

道具

114 測る道具色々
120 はさみ考察
126 ミシンは機械
132 アイロンとアイロン台
138 誰でも楽しめる道具

縫うこと

針道具のこと

ミシンを出したり、布を裁断したりというほど構えたことではない、ちょっとした針仕事は、日常生活の中で意外にあるものです。しかし、針道具は普段どこかにしまいこんでいるご家庭が多いのではないでしょうか。手芸家という仕事柄かもしれませんが、私はもう何年も、手の届くところに針山と糸、はさみを置いています。毎日それを眺めては「もう少し、使いやすくできないものかしら…」と思い続けているのです。

針道具を身近に置くようになったのは、私の片付け下手がきっかけでした。食事時以外には仕事机となっている、我が家の大きめなダイニングテーブルの上に、まつる作業やボタンつけをした後ついそのまま針山を出しっ放しにしていることが多くなり、これは便利かもしれない、と気づいたのです。

いつも目の届くところに針道具を置くことを意識し始めると、まず針山をどんなものにするかが問題になりました。既製品には気に入ったものがなく、使い勝手のよさ（安定感があって針も取りやすい）で選べばマグネットタイプなのですが、インテリアとしては楽しめません。あれこれ考え、針山として機能的であるのはもちろんのこと、目の届くところに置いてあっても違和感がなく、できれば埃もかぶりにくいものがいい…という結論になったのです。

そこで考えついたのが「壁掛け式針道具」です。横が約10㎝、縦が約12㎝の板2枚をL字型に組み合わせ、縦の面には糸とはさみを掛けるための細い棒を

4本はめ込みます。水平面は針山置き場に。ここに置く針山は透明なビンの中に針山を作り、使わないときは蓋をするというタイプがいいかと思っています。これを固定するためには板に穴をあけて差し込むか、短い棒をビンのサイズに合わせて3〜4カ所埋め込み、その中にビンの針山をセットします。こうして作った針道具を壁にかけておけばいつでも使えます。実際に板の大きさを決めて設計図まで描いたのですが〝木工〟というハードルを越せず、今のところ幻の針道具のままです。

未完の針道具に思いを残しながら、私は実現可能な方法を考え始めました。まずは安定感のある針山、できればはさみもセットできたらいい、とぼんやりしたイメージを持っていました。そんなときに、ふらりと立ち寄った雑貨屋さんで小さなブリキのバケツを見てひらめきました。バケツを針山にして、はさみも差し込むようにしたら便利な卓上針道具になるに違いありません。バケツなので水が入っているようなデザインにしたいと思いつき、針を刺す部分

を水色のフェルトで作ることにしました。これに合うはさみは衝動買いをしたまま出番がなかった、持ち手がくすんだ金色で無骨な印象のものがぴったりです。
　早速、バケツの縁より少し下に作る水面用に、円の一部が欠けた型紙を作ります。側面の型紙はバケツの中に紙を差し込んで型を取り、水面のフェルトと側面布を巻きかがりで縫い合わせ、中に詰め物をして針山部分を作りました。手づくりの針山は一般的にポリエステル綿を使うことが多いのですが、私の母は毛糸くずを使っていました。昔は、詰め綿といえば木綿しかなかったからでしょうが、毛糸くずは針通りが良く錆び難いからというのが母の言い分でした。私もニットの小さな器に毛糸くずを集めているので、母にならって、それを詰めました。
　できあがった針山をバケツにセットしてみたらなかなかのもので、これは壁掛け式よりいい方法かもしれないと、内心ほくそ笑みました。はさみも差し込んでパーフェクト！になるはずでしたが、はさみが思いの外重くて長く、ちょっとのことで倒れてしまい、がっかりです。正にアイディア倒れ、机上の空論。せっかくはさみを差し込むスペースを作ったので、ブリキとはミスマッチですが、小さな金ぴかの手芸ばさみを差し込んで使うことにしました。これが「卓上針道具」一号です。

そして次に問題になったのが、糸でした。我が家には小さな針箱とソーイングッズを入れた針箱があり、どちらにも何種類かの糸が入っています。しかし卓上針道具一号には糸がセットされていませんので、その度にどちらかの針箱から取り出さなければなりません。やはり糸も出しておくほうが便利です。

そうなると何かまとめる工夫が必要となり、手近にあったペン皿に針山と糸3個を置くことにしました。糸通しが難しくなったため、糸通し器と、ちょっとしたものの寸法を計るときに重宝する小さめのメジャーもペン皿に乗せて「卓上針道具」二号ができました。テーブルの上にあるので必要なときにすぐ使えて便利な反面、ついつい物置として針道具以外のものを〝暫定的に〟置いてしまう欠点もあります。でも概ね良好と、使い続けています。

針道具と一緒にセットしておく糸選びは、きりがありません。私は紆余曲折を経て生成り、グレー、黒の3色をセットするようになりました。糸の種類はキルト用手縫い糸で、ミシン糸のようにボビンに巻いてあるタイプです。小学校時代の家庭科用針箱に入っていたカード巻きの手縫い木綿糸でもいいのですが、糸を巻いた面が広いので埃がつきやすいように感じます。日常での針仕事で何が多いかというと、シャツのボタンつけ、かぎホックつけ、ほつれどめですから、手縫い糸の生成りと黒があれば間に合います。もちろん表に見える部分の修理や婦人服の服地に合わせた色でのボタンつけの場合は色を合わせなければなりませんが、そこは臨機応変に。

上着のボタンなどの場合はこのキルト用糸を2本取りにして、糸をよって使います。私は糸を針に通したままよるという手抜き方法です。方法は次の通り。

❶糸を針に通して2重にしたら糸の長さを揃え、針を椅子のシート等に刺して糸を固定します。❷片方の糸端を口にくわえ、もう片方の糸を掌にはさみ、下から上に向かって糸のよりをゆるめ、もう片方も同じようによります。❸両方を合わせて今度は上から下に向かってよりをかけます。

こうすると細い糸を2本取りの状態で使うよりも、使いやすい糸になります。なにより、糸をよるという作業、毎回ちょっと手仕事上級者になった気がして楽しいものなのです。

ボタンのつけ方にもちょっとしたコツがあります。ワイシャツやブラウスには平らで穴があいているタイプのボタンが多いと思いますが、このタイプはボタンの下に身頃の厚み分の余裕を持たせると、はめやすいボタンになります。これには簡単な方法があります。ボタンの上に楊枝を乗せてその上からボタンをしっかりつけます。穴に2～3回糸を通したら楊枝をはずしてボタンを持ち上げたらボタンの下に楊枝の分の隙間ができるという次第。そこに糸をくるくる巻き付けて最後に布を少しすくって糸玉を作れば出来上り。はめやすく、丈夫なボタンつけの完成です。糸の通し方にも工夫をするとなかなか楽しいボタンつけになります。

以前テレビ番組でスイスの専業主婦が修理するものを専用棚に分け、てきぱきと修理をしている姿を見たことがあります。専用棚を作るまでのことをしなくても、外出先で裾のヘムが落ちたことに気づいたスカートや、取れかかってしまって家につくまでヒヤヒヤしたコートのボタンなど、気がついたときに直しておきたいもの。後回しになってしまいがちな小さな仕事ですが、道具がすぐ手にとれると面倒な気分が薄れ、針もサクサク進みます。

現在使っている「卓上針道具」二号は概ね良好ですが、大きな問題点があります。手近にあったペン皿を使っているせいで統一性に欠ける、ということです。次は引き出し用針道具も作ってみたいと密かに策を練っています。私の針道具作りはまだまだ進化の途中です。

糸のより方

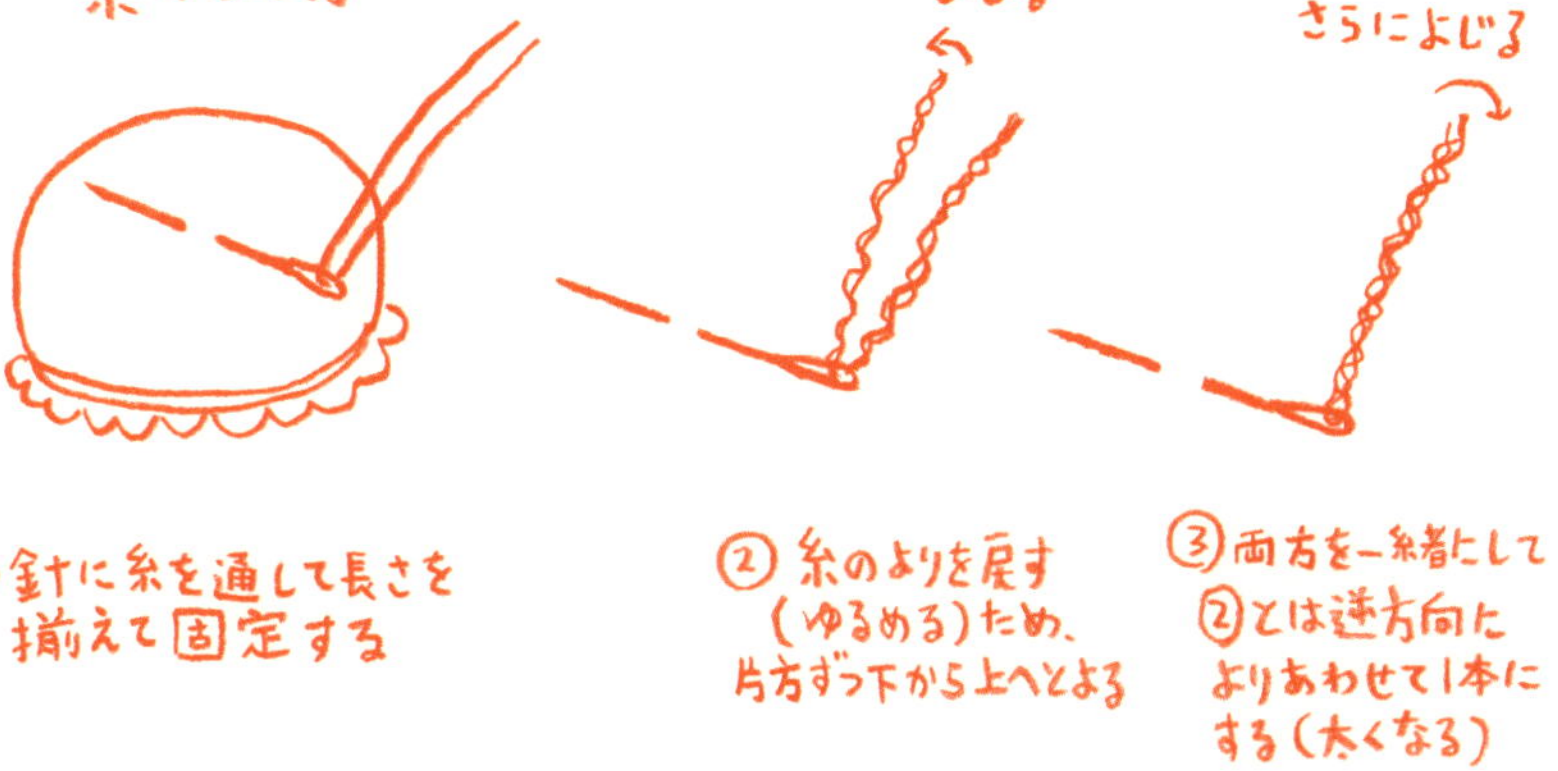

1本の糸の中心をまち針などに通して仮どめします。糸のよりを片方ずつゆるめ、両方合わせてよりを元に戻して1本の糸にします。2本取りの糸よりも使いやすく、丈夫な糸になります。

ボタンの糸の通し方

糸を縦、横だけでなく、斜めに通してみても楽しいものです。洋服のボタンごとに糸の通し方や糸の色を変えると雰囲気も変わります。

楊枝を使ったボタンのつけ方

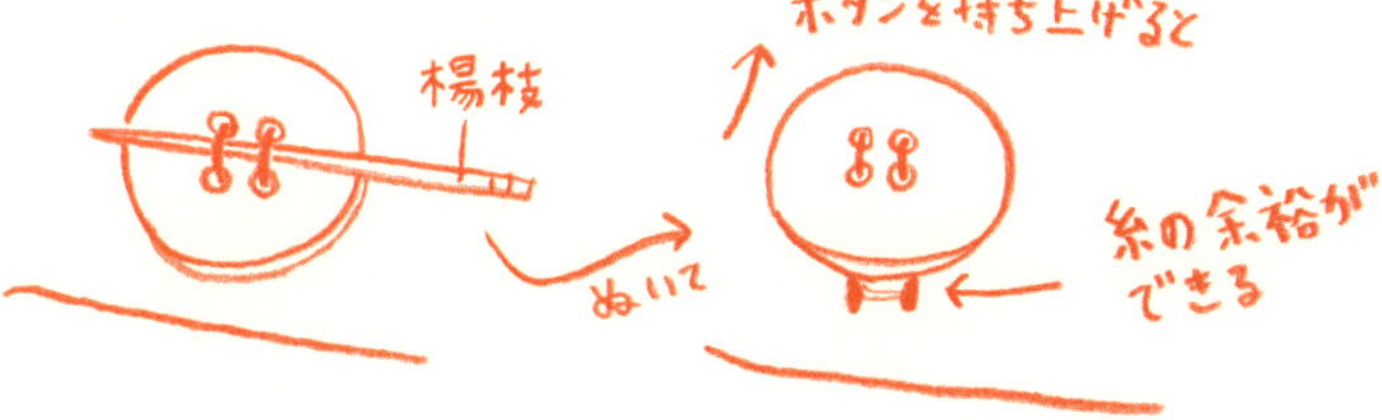

２つ穴や４つ穴ボタンをつけるとき、楊枝を乗せて糸を通してから楊枝を外すと身頃の厚さほどの糸の余裕ができ、糸足を長く取りすぎた、短すぎたなどの失敗が減ります。

針と糸と繕いもの

日常的に針を使わない人でも、小学生のときに一度は、運針やボタン付けを経験していると思います。しかし、すぐに針と糸が取り出せるような環境にあるのは、刺しゅうやパッチワークを趣味にしている人達だけかもしれません。「ニードルワーク」などと身構えたものではなく、普段でも糸と針は必要なのでは？と思い、『針道具のこと（10頁）』では、「卓上針道具」をご提案しました。

糸も針も常備していない家庭が増えている、という話を時々耳にします。ボタンが取れたり、裾上げがほつれたりしたときはどうしているのだろう、と心配になり、本当かしら、と疑ってもいました。けれどある日、その話は本当かもしれない、と思う光景を見ました。電車で私の前に女子高生とそのお母さんと思われる女性が立っていました。高校生のピーコートのボタンは、8個の内ちゃんと付いているのは2個。あとは取れていたり、取れかかったりしていました。外見が悪いというより、着心地が悪いのではないかと、こちらの方が落ち着かない気持ちになりました。そういえば、近所の手芸店のご主人にこんな話を聞いた事もあります。ワイシャツのボタンを付けてもらえないか、と男性から問い合わせがあって、びっくりしたけれど単身赴任かもしれないと思い、持って来て下さいと返事をしたそうで

す。そうしたら奥さんと一緒に現れて、もっとびっくりした、との事。針と糸を常備していない家庭があるというのは嘘ではないようです。でも、ちょっとした繕いものの結果、きれいになったり整ったりしたら、やはり嬉しいものです。

この「繕う」という言葉は、最近では見る事も聞く事も少なくなった気がします。簡単に安く衣類が手に入るようになったからかもしれませんが、自分で縫ったり、編んだりしたものだったり、思い入れのあるものなら修理したくなるでしょう。

修理といって思い出すのは息子に縫ったベストの事。息子は少々太めだったので、アイテムによっては手作りしていました。ダウンウェアが流行った年の冬、ダウンウェアではますます太って見えるし、ランドセルも背負いにくそう、と思い、裏にボアを付けた別珍のベストを作って通学用に着せていました。本人も気に入っていたのですが、ある日後ろ衿ぐりが数cm裂けた状態で帰ってきました。「友達に引っ張られて、破けた〜」とべそをかいています。

早速、残り布をテープ状にカットして、裂けた箇所にかぶせて修理しました。しかしいかにも補修した、という印象になったので、端にはD管をはさんで少し男の子っぽいデザインに変えました。次の日息子はニコニコしながら着て行き、その後も愛用していました。このような修理は、残り布のない場合でも、配色のいいテープやリボンを使えばできそうです。

自分自身のウェアの修理をした事もあります。綾織りの生地の上着で素材も形も気に入っていて、1年のうち5カ月くらいは着ていましたが、あるとき肩の一部が薄くなっている事に気づきました。このままでは早晩穴があきそうと思い、掛け接ぎの要領で（とはいえあくまでもイメージですが）織りに合わせて糸を通して補修をしました。

プロの掛け接ぎの技術は何処を補修したのか分からないほど素晴らしいのですが、傷んだ部分にあえて違う色や模様を織りだすという、逆転の発想で補修する方法もあります。ヨーロッパには針仕事の練習のひとつとしてこの掛け接ぎがあって、杉綾だっ

たりギンガムチェックだったり、千鳥格子だったりと、素晴らしいサンプラー（作例）が残されています。織り方の構造を知らないとできない事ですが、こんな事ができたら楽しくなって、傷んでいない所にも針を運んでしまいそうです。

このように傷んでからの仕事は「補修」となりますが、その代表が刺し子でしょうか。古着をほどき、2〜3枚重ねてちくちく縫い合わせて仕立て、着ているうちに傷んだら、そこに布を当てて、再びちくちく縫う。これに対して傷む事を予想して施す針仕事は「補強」となります。仕立てる前に布にびっしりと運針をして補強した布を見たことがあります。藍染めの布が針目で白くなるくらい刺してありました。八戸周辺で作られた菱刺しのタツケ（長ズボン）は麻布の裏に古手ぬぐいを当てて、織り目の間に糸をくぐらせて美しい模様を刺し、丈夫な作業着にしています。ヨーロッパでは力のかかるあきやスリット止まりに綺麗な縫い取りが見られます。どちらも実用が目的であっても、いかに美しく見せるかという工夫が感じられ、共感を覚えます。

布が簡単に手に入らない時代の庶民にとって、針仕事が重要だったことは想像に難くありません。当時とは比べものになりませんが、現代の生活でもボタン付けや裾上げは必要になります。

そこで問題になるのは、どんな針と糸が必要なのかということです。手芸店に行くと、縫い針の種類の多い事！　一体どれがいいのか分かりません。私の場合は仕事柄メーカーさんから色々頂くのですが「厚地向き」「薄地向き」「超薄地向き」などと表示されていても、一度針の入れ物から出してしまうと分からなくなってしまいます。そのうえ和針とメリケン針の違いもありますし、和針の表示は「四ノ二」「きぬぐけ」「えりしめ」「中ちゃぼ」等々、名前を見ただけではどんな針なのか分かりません。そして針を選んでも今度は針穴と糸の太さのバランスも問題となります。そこで、私なりに使用目的別に分けてみました。

・ボタン付けやスナップ付け　紳士用には、ボタン付け糸や太口木綿糸。針は普通地用（三ノ三）かメリケン針7号。婦人用、子共用には、細口木綿糸や30番のミシン糸。針は薄地用（四ノ三）。
・裾まつり　60番ミシン糸やポリエステル手縫い糸、細口木綿糸。針は薄地用（四ノ三）、絹糸。
つまり糸は、太いものとして太口木綿糸、ボタン付け糸、細いものとして細口木綿糸、ポリエステル手縫い糸、60番ミシン糸、針は普通地用（三ノ三）と薄地用（四ノ三）があれば充分だと思います。針の長さは好みによりますが、私はどちらかというと短めが縫いやすいと感じています。ところで手芸道具コレクターとしては、工業製品とは違う針を見つけたらつい買ってしまいます。京都や金沢には何百年も続いた針屋さんがあり、パッケージにも引かれます。

さて、糸と針穴のバランスがとれたとして、今度は糸を1本取りにするか2本取りにするかを選びます。1本取りにする場合、針穴に通した糸端を何cmくらい垂らしておくといいでしょうか。少ないと途中で抜けてしまいますし、長過ぎても糸継ぎのときに糸がもったいないな〜という気分ですが、便利な方法があります。以前韓国でポジャギ作家のプロセス撮影をした際に彼女が糸端（2cmくらい）に針をくぐらせているので、何をしているのか聞いたら、こうすると糸が安定して最後まで縫えるので糸が無駄にならないとの事。私もこの方法を試したところ糸が安定するので縫いやすく、もっぱらこの方法で縫っています。

2本取りにする場合の面白い糸継ぎ方法をご紹介しましょう。以前、スウェーデンの友人と新幹線で旅をすることになった際に時間つぶしに布巾に刺し子をすることにしました。彼女は必要な長さの糸を2重にして輪になった方を針穴に通しています。どうして？と聞いたら糸継ぎが便利とのこと。縫い終わると糸端が輪になっているので、その輪の中に糸を通して2本取りにして次を縫うのだそうです。もちろん今度は縫い終わった糸端は輪になりませんがこうすると糸継ぎが2回に1回ですみます。

単純な手縫いでも色々な方法があるものですね。

糸の通し方 その①

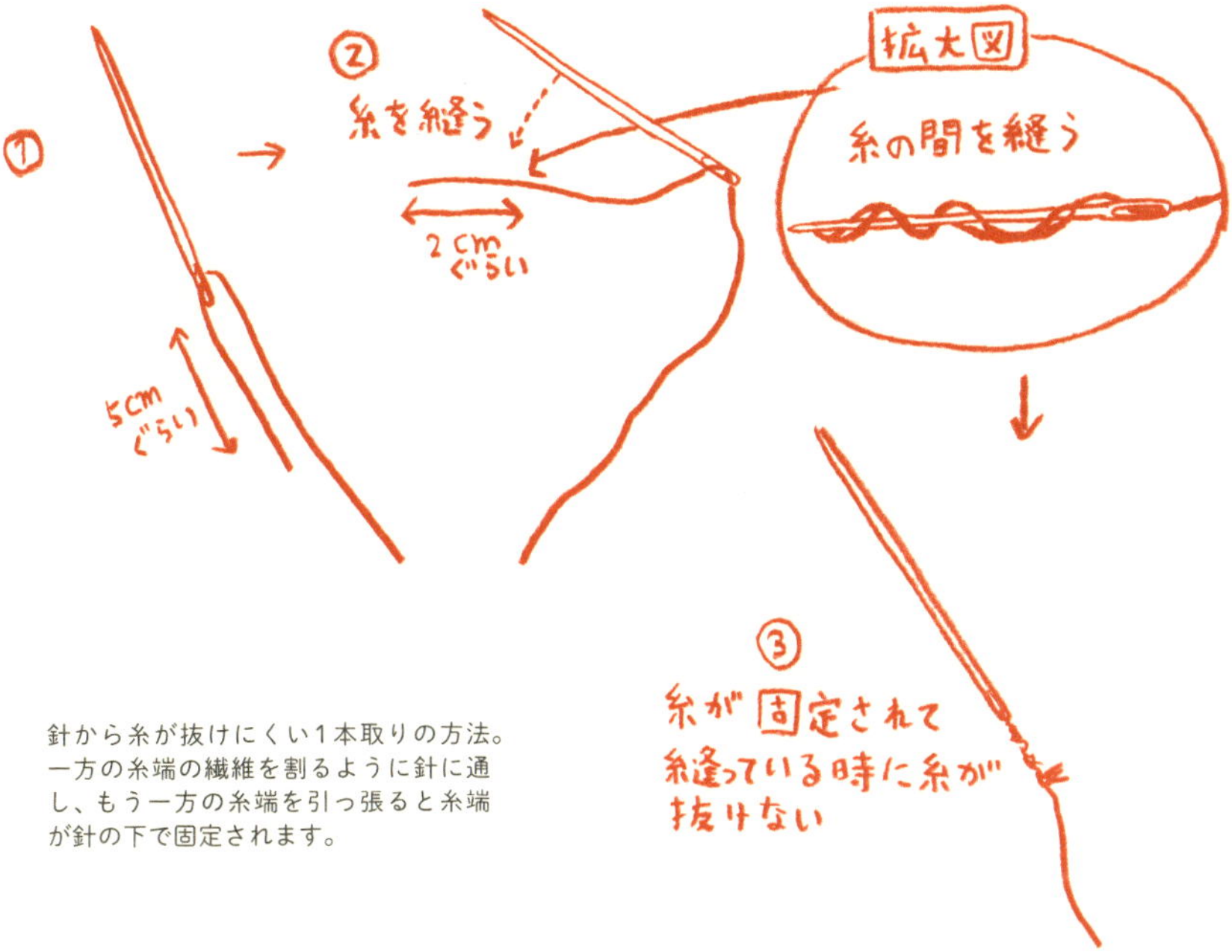

針から糸が抜けにくい1本取りの方法。一方の糸端の繊維を割るように針に通し、もう一方の糸端を引っ張ると糸端が針の下で固定されます。

糸の通し方 その②

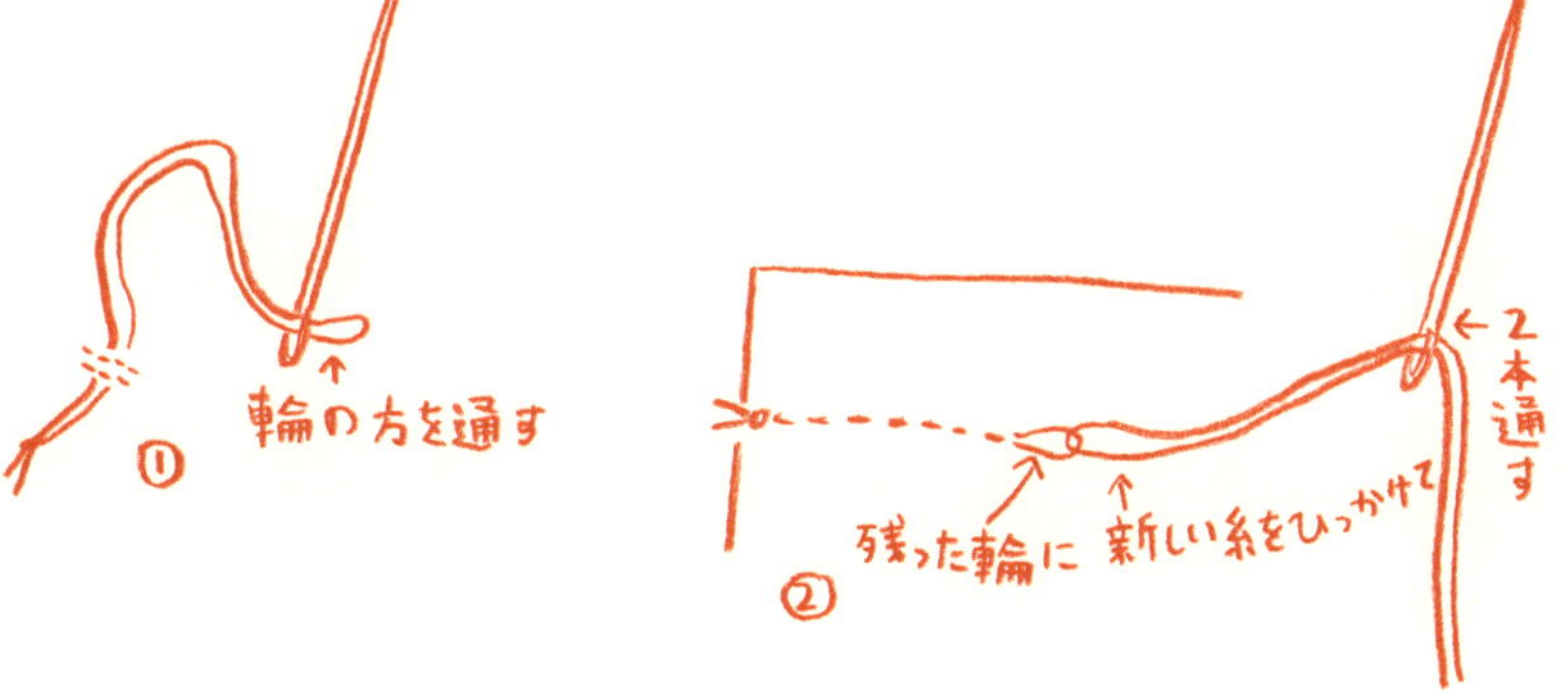

玉止めの回数が減る2本取りの方法。糸端両方をまとめて玉結びを作り、輪になった方を針穴に通して、縫い始めます。縫い終わりの輪に新しい糸を通し、両方の糸端を針に通します。

ジーンズリメイク

この数年、しばらく遠ざかっていたジーンズが、また手放せなくなっています。私がはじめてジーンズを穿いたのは、幼稚園年長のとき。当時はまだ珍しかった、輸入のブルージーンズで作られた、子供用サロペットでした。母は、当時は高価だったジーンズを、かなり無理をしてでも私に穿かせたかったようで、すぐに大きくなってしまう子供でも、なるべく長く着られるようにと、相当大きめのサイズを買ってくれたのを、よく覚えています。

幸い、伸びるのは背丈ばかりで、細かった私は、そのパンツがかなり大きめのサイズだったこともあって、小学校4年生まで穿くことができました。とはいっても、伸び盛りの子供が着るものですから、胸当てと肩ひもは早々に役に立たなくなったので、カットしてサロペットからパンツにリメイク。そして、膝が抜けたため、膝下でまたカットして五分丈

にリメイクするなど入らなくなるまで手を加えていました。この初めてのジーンズが好きだったからでしょうか、若者のファッションとしてジーンズが普及しだした大学時代には、通学服として欠かせないアイテムとなっていったのです。ブラックジーンズなどのカラージーンズも持っていたのですが、やっぱりブルージーンズを穿く機会の方が多く、結果、あのサロペットのときと同様、膝が抜けてしまうのです。大学生にもなると、子供のときのようにカットして、五分丈パンツとして穿く訳にもいかず、穴があいたところに布を当てることにしました。

　表から布を縫いつけて修理をする場合、まずは穴の補修をする必要があります。裏からさらし布などを当て、運針で補強してから表の当て布を縫いつけるのですが、どんな布を当てるのかが問題です。当時一番好きだったのは、家にあった古い絣《かすり》布。藍色なのでジーンズとの相性も問題ありません。この絣は、もともとは父の着物で、傷んでしまったため、ほどいて布にしてあったものでした。穴があいたと

ころだけ布を当てるのでは、いかにも修理しましたという感じになってしまいます。同じ絣を2〜3カ所に当てて、アップリケのようにすれば、「いかにも」な感じにならずにすみます。

大学を卒業し、働くようになってからは、さすがに通勤着としてジーンズを穿く訳にいかず、休日に穿くだけになってしまいました。ところが、思いがけずジーンズが役に立つ日がやってきたのです。マタニティウェアとして、リメイクしたジーンズは、とても便利でした。既製品のマタニティウェアは、なかなか気に入ったデザインがなく、母に1〜2枚手作りしてもらいました。もう一枚欲しいと思っていたときに、アイディアがひらめき、自分で手作りすることにしました。マタニティウェアは、一時的に着るものでしかないので、できればあまりお金をかけたくない、と思ったのです。まさに、必要は発明の母です。

ベースにしたのは、色が抜けて穿かなくなった夫のブラックジーンズ。まず股下部分の縫い代を切り

離します。これまた穿かなくなった黒のコーデュロイパンツの股下を同じように切り離し、脇の縫い代を中心にして三角形にカットします。これをベースとなるジーンズの股下にはめ込んで、ミシンで縫いつけ、スカートに仕立て直しました。丈は、足元がもたつかない程度のロング丈に。ウエストサイズは、男性用のパンツをベースにしているのでゆったりしていて、大きくなってくるお腹もカバーできます。そうして完成したスカートをサスペンダーで吊って、ハイウエストにして着用してみると、なかなか〝イケてる〟マタニティウエアになりました。そんなマタニティウェアを着ている人はいなかったので、周りからは、不思議そうに見られていたかもしれませんが、着心地も良く、お気に入りでした。

そして子育て中も、ジーンズは大活躍でした。幼稚園に通うようになった息子が、遠足で芋掘りに行くことになり、「お芋を入れる丈夫な布袋を持参のこと」という幼稚園からのお達しがありました。布を買いに行く時間もないし、どうしたものかと考えていて思いついたのが、ジーンズのリメイクでした。ベルボトムのジーンズの裾から30㎝くらいのところでカットすれば、簡単に袋ができます。片足は息子用に、もう一方は一緒に参加する私用に、2つの袋を縫うことにしました。

リメイクの基本は、もとの形を最大限に生かしてなるべく手をかけないこと。ですから、本当はジーンズの裾をそのまま袋口にしたかったのですが、裾がすり切れていたので、カットすることにしました。カットした部分を二つ折りにして、ジグザグミシンで始末をしたら、底になる部分を縫い合わせます。これだけで、袋状になって、とても簡単にできます。袋の持ち手は、ジーンズのウエストベルトをカットして、そのまま縫いつけました。

そのままではジーンズで作ったただの袋で、芋掘り気分が出ないので、息子に布用染色クレヨンを渡し、芋の絵を描かせました。たくさんの芋がとれるよう期待を込めたのか、大きなお芋の絵とともに、文字まで入れて、やる気満々の、遠足気分が溢れる袋が完成したのです。

翌日は、息子も私もお手製の袋をもって、ルンルン気分でお芋掘りに出かけました。大きな袋を持っている子や、なかにはポリ袋の子もいましたが、息子の袋は小さいながらも「いい感じ」と自画自賛して、初めての芋掘り遠足は思い出深いものとなったのです。

ジーンズはこれ以外にも、子供用の小物作りには便利な材料でした。家にあるジーンズを生かして利用するだけなのでわざわざ布を買いに行く時間もいらず、費用もかからないので、忙しい母親には大助かり。前述の芋掘りバッグ以外に便利だったのは、自分の子供時代を思い出し、息子に穿かせたサロペットをリメイクした〝リュックサック〟です。

サロペットの胸当ては、そのままリュックサックの蓋に使います。パンツは股下部分をカットし、お尻の部分だけを残したら、底になる部分に別布を足して、袋状に仕立てます。別布を縫い足すときに、蓋を止めるためタブ（サロペットの肩ひもをそのまま利用）を縫い込みます。タブ布に、あらかじめボタンホールを作っておけば、胸当てのボタンに掛けられるので、リュックの蓋をしめる仕組みも簡単にできてしまいます。パンツの後ろ側のポケットがついている面がリュックの表側になるので、ポケットがリュックの物入れになり、大変便利です。リュックの肩ひもは、サロペットの肩ひもをそのまま使えるので、手間も省けます。

ジーンズのリメイクは、今まで概ね納得のいく出来上がりになっていましたが、一つだけ残念な思い出があります。十数年前、リメイクの仕事を依頼されたときのこと。ワイシャツやTシャツとジーンズを再利用して作るバッグを提案しました。担当の編集者も、アイディアの大半を気に入ってくれて、ほっとしたのですが、なぜかジーンズを使ったバッグはやんわり拒否されてしまったのです。がっかりしてそれ以来しまい込んだままになっている、そのジーンズリメイクバッグ。これを機に、もう一度使ってみたいと思っています。

ジーンズリメイク

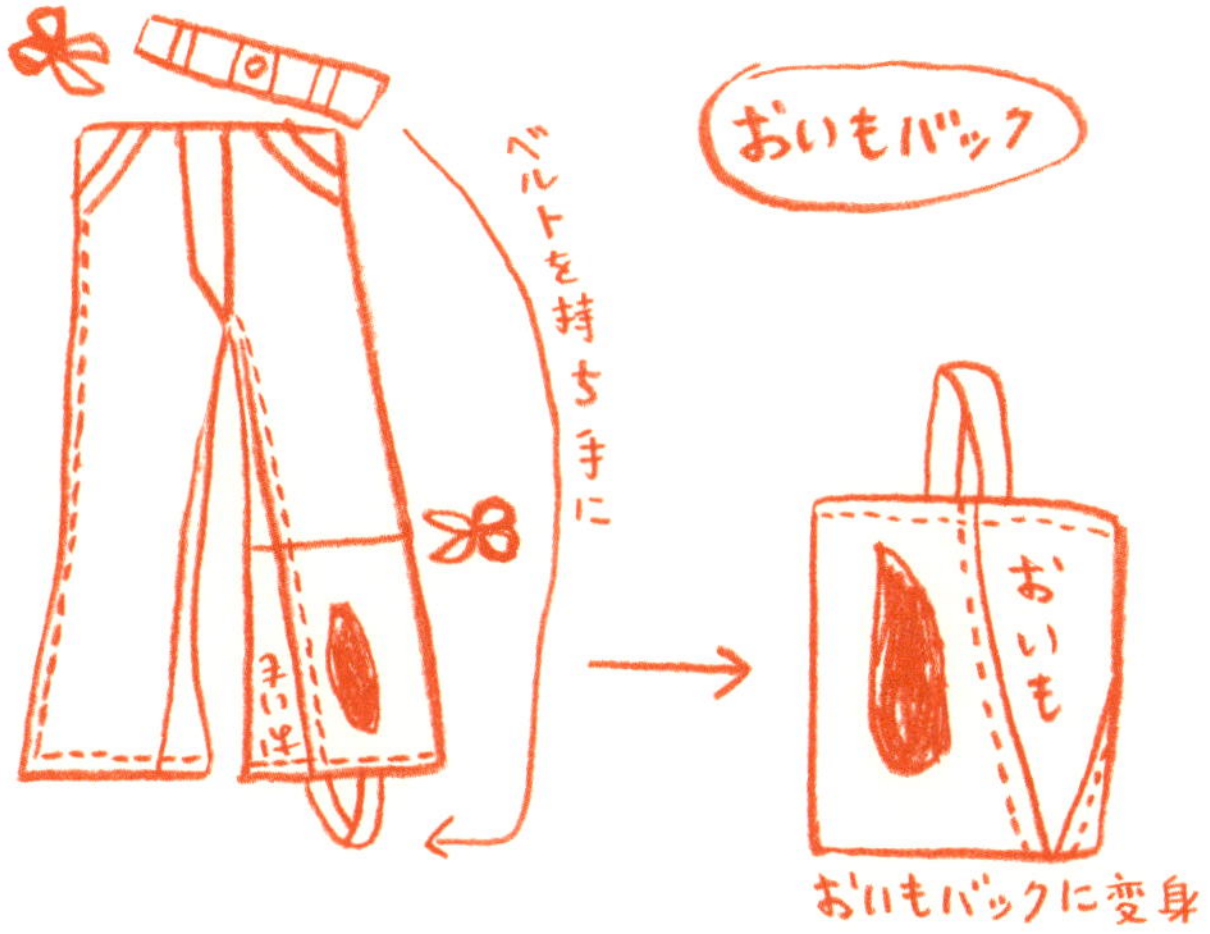

1本のベルボトムジーンズからふたつの袋が作れます。裾から30cmくらいのところでカットして縫い合わせ、裾側にウエストベルトを切ったものを持ち手として縫いつけます。

リュック

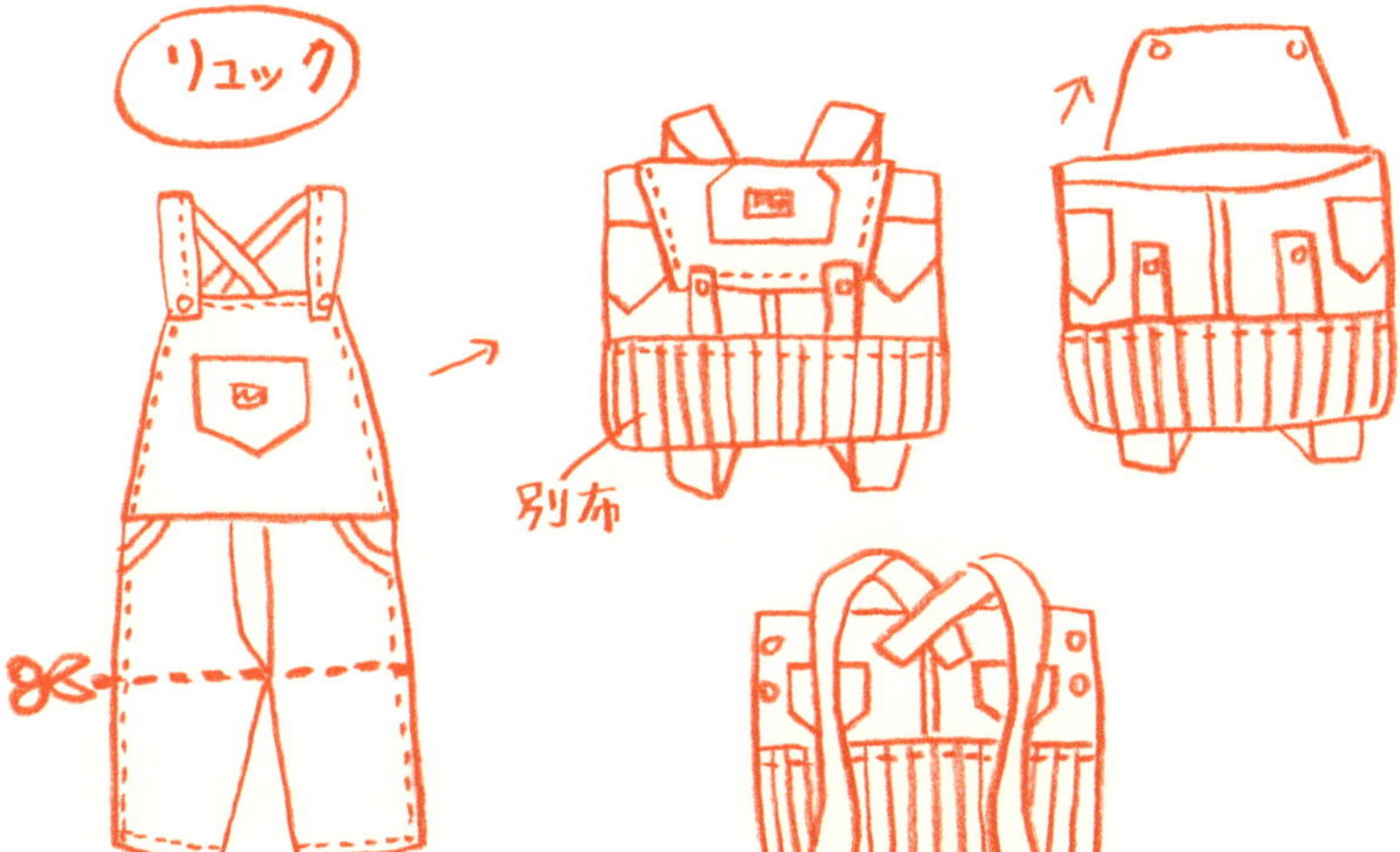

子供用のサロペットを股下で切り、蓋を止めるタブになる肩ひも部分と一緒に別布を縫い足して底にします。サロペットのウエスト部分がリュックサックの口になります。サロペットの肩ひもをリュックの肩ひもとして本体に取り付けます。

パッチワークを生かす

布を接いで新しい布を作るパッチワーク。『大草原の小さな家』のお母さんも子供達に作ったキャラコのワンピースの残り布を接いでベッドカバーや壁掛けを作っていました。中学生のときに見た『スペンサーの山』という映画にもパッチワークキルトが出てきますがパッチワークのベッドカバーなど知らなかった私には目に留まらず、後日テレビ放送で見て気づきました。日本にも手法としてはあったものですが当時は日常的に使われてはいなかった気がします。

パッチワークキルトといえば、ベッドカバーや壁掛けという印象があります。ベッドカバーはまだ分かりますが、日本の暮らしの中において、壁掛けの必要性を感じることはあまりありませんでした。ところが、取材でアメリカのアンティークキルトコレクターにお話を伺ったときに、なぜ壁掛けが必要だったのかを伺い納得しました。

アメリカでは開拓時代の住まいといえば丸太小屋で丸太の間から吹き込むすきま風を防ぐために、壁掛けは必需品だったとのこと。アメリカでパッチワークを習って帰国した友人は、アメリカの部屋は天井も高く広かったので壁掛けでも掛けないと部屋が殺風景だったけれど、日本では壁が箪笥《たんす》

で全部埋まってしまって掛けられないと嘆いていました。今も昔も、アメリカの生活では活躍の場があるので、アメリカンパッチワークというジャンルが広く知られているのかもしれません。

　私が初めてパッチワークを認識したのは、大学生のときだったと思います。当時の愛読書だった『装苑』に載っていたのです。さっそく余り布を接ぎ、基本のナインパッチでがま口タイプの小物入れを作りました。その後、本を買い、パッチワークにはいろいろなパターンがあり、それぞれに名前がついていることを知りました。日々の生活の中で目にする物をパターンにしたのでしょう。布がまだ潤沢に手に入らない時代の庶民にとって布を使い切ることは当然のことです。韓国のパッチワーク「ポジャギ」も発想は同じですし、日本でも野良着はもちろん、着物でも上流階級の更紗を接ぎ合わせたものを見たことがあります。布を大切にする気持ちは現代でも同じこと。気に入った布ならなおのこと捨てられず、何かに生かしたいと思う人は多いはずです。パッチワークを習わなくても、好きな布を接ぎ合わせればいいだけなのですから。

　私のパッチワークも「開拓精神」を生かしたもので、余っ

た布で必要な物を作るという観点から、もっぱら玄関マットを作っています。玄関マットは飾りではなく一種の魔除け効果なのだという話を、どこかで読んだことがあります。ことの真贋《しんがん》はともかく、玄関にはやはりマットが欲しくなります。でも結婚直後にはどんなマットを使っていたか記憶が無いので、もしかしたら（例によって）気に入ったマットがなくて使っていなかったのかもしれません。そして、記憶に残る最初の玄関マットがパッチワークで作ったものでした。

私はその頃既に、子供服を雑誌で発表していたので、残り布はたくさん持っていました。でも多くが子供服用だったため、玄関マットに使いたい布ではありません。だからといって、それだけのために新しく布を買う気にもなれず、何かないかしらと思っていたところ、叔母からもらったものの、似合わない色だったので、そのままになっていたシャツブラウスを思い出し、それをほどいて材料にすることにしました。これをベースに、手持ちのストライプ柄やチェック柄の布を合わせてマットにしました。正方形をはぎ合わせるだけのパターン、ナインパッチだったと記憶しています。ピーシングという布を接ぐ作業を手縫いにしていたら時間がかかるので、

この部分はミシンで接ぎ合わせ、キルト芯を合わせてからは手で刺しましたので、いかにも手縫い感満載のマットになりました。

ハンドキルトなので、最初は踏みつけて使うマットには、何だかもったいない気がしましたが、使うために作ったのだから、と自分に言い聞かせ、使い始めました。

そのうち洗い替えのマットが必要になり、もう一枚作ることにしました。ナインパッチがシンプルなデザインだったので今度はちょっと凝ったパターンにしたくなり、宗旨《しゅうし》替えをして手でピーシングをしました。始めてみると時間がかかり、途中で挫折しそうになりましたが、必要に迫られていたのでせっせと針を運んで「パッチワーク」らしいマットが完成。2枚を洗いながら、代わる代わる使って、馴染んできた頃に、袋詰めの更紗の端切れを手に入れたのでまたまたマット作りに取りかかることにしました。大きめの端切れからは正方形を取り、細々した切れ端は少しずつ接いでテープ状にして、縁取り布に使いました。色や柄がバラバラでも、更紗なのでなかなか立派なマットになりました。布の量が少なかったので、完成したマットは思ったより小振りになりましたが、目下のところ我が家の現役一押しマットです。

マットの表布（トップ）が手持ち布のパッチワークなのですから、キルト芯を挟む裏布も再利用をしようと、どのマットにもワイシャツの身頃や、古くなったバスタオルを使っています。バスタオルは生地のループ部分が邪魔になってハンドキルトには向きませんが、ミシンキルトなら問題はありません。ハンドキルトは運針とはちょっと違い、指にはめるタイプの指ぬき（シンブル）をはめてそれを頼りにチクチク縫うのですが、この作業は無心になれて精神衛生上、大変効果があるように思います。何人もの人が集まっておしゃべりをしながら一緒にキルトをする「キルトビー」は、それはそれで楽しそうですが、自分の世界に没頭する一人の時間もなかなか悪くありません。

パッチワークとは違いますが、残り布を利用するという同じ発想で作った、お気に入りのマットがもう一枚あります。これは分厚いウール地をテープ状にカットし、平織りにしたもので表布を作り、キルト芯は入れずに裏布を当てて回りを共布で始末したものです。この布はスウェーデンで毛糸と毛布を作っているウッラカーリンさんが日本に来たときに何か

作ってと、私に送ってくれたウール布の端切れです。

彼女とは2001年にノルウェーでのニットの集まりで知り合いました。そのとき買った毛糸が素晴らしく、すっかり彼女の作る糸のファンになりました。彼女の作る毛布も持っているのですが、生地は持っていなかったので、大切に取っておいて、時々出して眺めては何に使おうかと考えていました。あるとき厚地なので玄関マットに向くと思い、ワクワクしながらデザインを考えました。切りっぱなしでもほつれないので接ぎ合わせないで作る方法として平織りを思いつきました。この場合も更紗と同様、生地の分量が少なかったので最大限大きい物を作るにはどうしたらいいか、が一番の課題でした。しかも両面色が違うという布の特徴も生かしたいし……と欲張りながらも、なんとか完成。木綿のキルトマットと違ってザブザブ洗う訳にはいきませんが、ウールなので汚れもつき難く、サイズに少々難あり、ではありますがこれも目下お気に入りのマットです。

そのままなら単なる端切れでしかなくても接ぎ合わせると他にはない布になってしまうパッチワークはその思想において私を魅了し続けています。

実用刺しゅう

刺しゅうは誰でも一度は経験のある手仕事の一つだと思います。特に身近なものでは、クロスステッチと欧風刺しゅう（いわゆるフランス刺しゅう）が挙げられます。しかし、それらの刺しゅうを日常的にどのように生かせばいいか、ちょっと悩むところです。

ヨーロッパでは、刺しゅうはプリント技術がなかった時代から使われており、現代の暮らしの中でも、やはり装飾としての出

番が多く、額に入れて飾るなど、刺しゅうそのものを愛でる傾向にあるように感じます。しかし現実主義者としては刺しゅうをプラスしたから素敵になるという観点での刺しゅうが欲しいところです。そこで私の刺しゅう歴を振り返ってみました。

　刺しゅうらしきことを初めて体験したのは幼稚園でのこと。2枚の画用紙を金魚鉢の形にカットして金魚を描き、回りを毛糸でブランケットステッチしてバッグにするという工作でした。そのときのブランケットステッチが楽しかった記憶が残っています。

　自分から刺しゅう（これをそう呼べるとしたらですが）をしようと初めて思い立ったのは小学校1年生か2年生のときのことです。母の日のプレゼントに前掛けを手縫いしてそこにミシン糸で母の干支であるイノシシを刺しゅうしたのです。アウトラインステッチのような「縫い取り」のようなことをして自分でもなんだか変だな？と思いながらフリーハンドでイノシシを刺してプレゼントしたのでした。

　当時、母は時々自分のワンピースや父のズボンから私の服をリメイクしていましたが、その際に元の服の裾の織り目やミシン目を隠すために刺しゅうをしていました。そのため、いつの間にか刺しゅうに興味を持つようになっていたのかもしれません。

　小学校4年生くらいの頃、近所に住む若いお母さんと親しくなったことも、私が刺しゅうに興味をもつきっかけでした。彼女は刺しゅうが得意で、私に自分の刺した物をよく見せてくれました。中でもスモッキングはそれまで見たことが無かったので感激しました。そのような環境で私はどんどん刺しゅうが好きになって、夏休みの自由研究には母の持っている刺しゅうの本から柄を選んで刺しゅう作品を作ったほどです。ほとんど毎日、何かに刺しゅうをしていたのですがそれを知ってでしょうか、その若いお母さんがクリスマスに手作りの刺しゅう糸ホルダーをプレゼントしてくれました。ブルーのソフトデニムにポインセチアをさっくりと刺したもので今でも大切にしています。それに糸を並べると制作意欲がますますわき、給食用のナプキンにハンカチと、白い布を見れば次々に刺していたのですが、あまりにもいろいろなものに刺すので、そのうちに刺すものがなくなってしまったのです。そこで考えたのが文具ケースでした。6年生になり分度器を使い始め、それを学校に持って行くときに全円と半円二枚の分度器は筆箱にも入らないし、三角定規のようにケースもついていないので持ち運びに困っていました。そこで刺しゅうをしてケースを作りました。回りにブランケットステッチをしたために少しきつくなってしまったのはちょっと失敗でしたが、このケースも分度器と共に今でも時々使っています。

中学校に入って最初の家庭科で習ったのが「フランス刺しゅう」のサンプラーでした。シーチングに柄がいくつもプリントさ

れていてそれぞれ指定のステッチで埋めるのですが今まで刺したことの無いステッチもあって楽しい課題でした。その後家庭科でギャザースカートを縫うことになったときも刺しゅうは役立ちました。選んだ布が明るめの焦げ茶で好きな色ではあったのですが仕上がったスカートは、なんとなく華がなく、まったく嬉しくなかったのです。

せっかく縫ったのに穿く気になれず、何とかしたいと頭をひねってひらめいたのが裾に「スウェーデン刺しゅう」をプラスするというアイディアです。たまたま布の織り目が少し粗かったので刺すことができると踏んで刺し始めたのですがスウェーデン刺しゅう専用の布より目が細かい上にギャザースカートなので裾回りの寸法が結構あり、簡単だと思って始めたものの、なかなか進みません。途中で嫌になってきましたがせっかく自分で縫ったスカートなのですから一生懸命時間を惜しんで刺し、なんとか提出期日までに仕上げました。元のスカートとは見違える程クオリティがアップして、基本的には装飾が嫌いな私もこのスカートに関しては刺しゅうの効果に驚きました。このスウェーデン刺しゅうは簡単で使い方が上手くいけば私のスカートのように効果満点なのですが、最近はあまり本でも紹介されなくなって残念です。

その後しばらくは刺しゅうから遠ざかっていましたが、再び刺しゅうをするようになったのは大学時代です。今と違って若者向きのバッグや袋物があまりなかったので通学時の本やノートをどのように持ち運ぶかが問題でした。一般的だったのは丈夫な紙袋や事務袋に入れるかブックバンドでした。私は紙のバインダーを使っていたのですが通学中、手にしていると汗で紙が傷んでしまい、見た目もよくありません。これは何とかしたいと考えたのがバインダーに布のカバーをかけること。そこで刺しゅうの出番です。前述の頂いた刺しゅう糸ホルダーのイメージがあったからでしょうか、ブルーデニムに刺しゅうをしてカバーを作りました。柄は当時大好きだった刺しゅう本から取って、サテンステッチでちょっと大きめのワンポイント模様を刺しました。バインダーの表にこの刺しゅうした布を貼り、内側には厚手の模造紙を貼って時間割りを書き、出席したかどうかも記入できるようにしました。

子供に手作り服を着せるようになってか

らも刺しゅうの出番がありました。男の子なので抑え気味にしましたが、新米母には子供服を作って刺しゅうをするということは楽しいことでした。初めて縫った服はロンパース。卯年生まれなのでウサギをアップリケして男の子らしく蝶ネクタイも付けて名前を刺しゅうしました。文字がパイル地に埋もれてしまって、ちょっと残念でしたが名前を入れることで息子の為に作ったことを実感できて大満足でした。次の年はロンパースとしては入らないのでパンツ部分をカットしてタンクトップとして活用しました。子供服にイニシャルを刺しゅうするということは多くのお母さんもすることでしょうが、私もその日を待っていました。イニシャル刺しゅうは特に柄を写す面倒もなく水や熱で消えるマーカーで文字を書けばいいのですから簡単です。2歳になったら着せたいと思っていた白いスタンドカラーシャツを手作りして、袖にイニシャルを刺しゅうしました。ミニジェントルマンという感じで本人も気に入って、何年かおしゃれ着として愛用したものです。

　最近は刺しゅうから遠ざかっていますが気になる手仕事であることに変わりはありません。今一番気になっている刺しゅうはキャンバスワーク。粗いキャンバス地をウール糸で埋めて柄を描くものです。テクニックとしては特に難しいものではなく、色とパターンが重要な刺しゅうです。そのうちに、キャンバスワークで玄関マットを作ってみたいものです。

シーチングの袋

何年も前になりますが、バッグを買った際に紙袋ではなく、ブランド名がさりげなくプリントされたシーチングの袋に入れてもらった事がありました。持ち手はシーチングと同じ生成りの綾織りテープで、一寸した物を入れるのに便利そうでした。そのメーカーのシーチングの袋は、市松模様をプリントしたものがあったり、商品サイズによっても色々なサイズの物を使い分けていました。その後、他のメーカーのバッグを買ったときの事。まず薄手のシーチングの袋（持ち手はなし）に商品を入れ、それを今度は厚手シーチングの大振りの袋に入れてくれました。この厚地の袋は、持ち手も同じ布でしっかり作ってあって、単に持ち帰り用にするにはあまりにも丈夫で、バランスも、使い勝手もよいため、今では仕事の資料や作品を持ち運ぶときに大変重宝しています。

最近では、薄手シーチングの袋はイベントのときに、サンプル品等を入れて配られることもしばしばですが、気になるのは袋の縦横比と持ち手のバランスです。袋のサイズに対して持ち手幅が広かったり、中途半端に長かったりと、その後も使いたいと思えるものにはなかなか出合えません。前述の、

バッグを買ったときに入れてくれたメーカー2社の袋はさすがにこの点がよく考えられているので、今でも、どれも便利に使っています。

そもそもシーチングというのはコットン生地で、シーツ用に使われたことから、そう呼ばれるようになったのだとか。生地屋さんには5mとか10m巻きで安く売られていて、惜しげもなく使う事ができます。仮縫い用にも使われますが、薄手の場合は透けるので、ウェアとして用いられることは少ないようです。このタイプは糊が付いているので固い手触りですが、カラーシーチングというのは糊が付いていないので手触りが柔らかく、色も揃っているのでウェアに使われます。

シーチングの袋はもらう一方でしたが、あるとき「シーチングの袋に手仕事をプラスする」という仕事を依頼されました。袋は作らなくてもいいということでしたので、指定のお店に買いに行ったのですが、やはり袋と持ち手のバランスに納得がいかず、自分で作ることにしました。既製品の持ち手は袋と同じ生地でしたが、生成り綾織りテープの方が簡単で、しかも軽やかな感じになるのでこれにしました。この綾織りテープ（18㎜幅くらい）は使い勝手のいい素材。シーチング

のように袋自体が薄い場合はテープも一重でいいのですが、丈夫にしたい場合は2枚合わせるとしっかりしたテープになり、カフェエプロンのひもや子供服のサスペンダーなどにもおすすめです。

この、仕事で作った袋は自分でも気に入って、今では私の「ニッティングプロジェクトバッグ」になっています。このニッティングプロジェクトバッグという呼び名は最近知ったのですが、海外のニット仲間達が「これが私のニッティングプロジェクトよ」と袋の中のニットを見せてくれるのです。インターネットで調べてみると、海外ではニッティングプロジェクトバッグという商品がニット道具の一つとして確立されているようなのです。売られているのは、色々なポケットが付いた立派な物ばかりですが、私のこの袋も捨てたものではありません。持ち手が付いているので新幹線の座席でも手に提げて編めるし、椅子の背に掛けておく事もできるし、私にとって手放せない袋になっています。

作りかけの物を入れておくこの袋は、トルストイの『戦争と平和』にも出てきます。貴婦人の持ち物なので「ベルベッドに金糸刺しゅう」という華やかなもので、手に提げて登場

します。私のシーチング袋とは大違いですが、使用目的は同じ。何が入っているのかというと、日本語訳ではニット。英語版には「somework（何か）」としか訳されていませんが、ニットなのかタティングのようなものなのか……。手仕事を持ち歩いて、時間を見つけて手を動かすという気持ちは、庶民でも貴族でも変わらないのですね。

この薄手シーチングの袋は、持ち手を付けないタイプもおすすめです。最近は、洋服を買うとまず不織布の袋に入れてくれて、それを紙袋に入れてくれる店があります。この不織布の袋と同じ形のシーチングの袋を用意しておくと旅行のときに大変便利です。

随分前になりますが、旅行用の小分け袋を作る仕事を依頼された事があります。本に掲載するのですから、見栄えをよくする必要があるのは仕方がない事ではありましたが、当時は袋自体の存在理由にも疑問を持っていたので、「こんなに手をかけなくても～」と思いました。しかしあるとき、他の目的で作った持ち手なしのシーチングの袋がたまたま手元にあったので、使ってみたら「なんと便利！」と気づき、存在理由を否定したことを反省した次第です。

シーチングはまず無駄なく裁断します。布幅が１１０㎝だとしたら幅は3等分に、出来上がり丈は、35㎝あれば充分なので、75㎝にカットします。つまり、シーチング１５０㎝で袋が6枚できます。小さいサイズも欲しければ幅を4等分にカットして、丈は少し短めにすると使いやすいと思います。

作り方は、まず半分に折って両脇を縫います。ここは袋縫いをするので外表にして5㎜幅で縫い、次に中表にたたみ直してアイロンを掛けて、今度は７㎜幅で縫い合わせます。これを表に返して袋口を三つ折りにしてミシンをかければ出来上がり。底を縫わないので、袋縫いにしても角がすっきり仕上がります。この袋には下着、靴下、パジャマなど、必要な衣類を分けて入れます。もっと大きいサイズにして、着替えを入れる袋を作っておくのもよさそうです。丈を少し長めに作ってあるので、袋口にはひもを通す必要はありません。袋口を折り返すだけで、スーツケースの中で中身が飛び出してしまう事も防げます。

そして意外に便利なのが靴を入れる袋です。昔は旅行用小分け袋と同様に「そんな物！」と思っていました。この袋は、以前靴を買ったら入っていて、当時はむしろ迷惑な気持ちで

したが、旅先ではスニーカーだけではやはり食事のときに困ると思い、付属の袋を使ってみたら、その便利なこと。長旅をする場合は街歩き用と室内用、ときにはトレッキング用の靴を持っていくこともあって、必要な袋となりました。この袋も袋口にひもを通す必要はなく、長めに作って折り返すか、ひもで縛って使えばいいでしょう。女性用の靴の場合、袋の出来上がり寸法は、片足ずつなら幅20㎝、一足入れるときは30数㎝、丈は35㎝もあれば大丈夫です。

　こうして考えてみると、袋というのは意外に必要ですし、場合によってはカバーリングの役目も果たします。不要なカバーリングには賛成しかねますが（あくまでも私個人の意見です）、生成りシーチングなら邪魔にならない色で、経費もあまりかからず、使い勝手のいい素材だと思います。我が家で今一番欲しい袋といえば、オイルヒーター用のカバーです。収納スペースがないため、使わないときは一応部屋の隅に移動させます。しかし移動しただけなので、やはり気になります。以前は、いっそフェイク暖炉のようなカバーを作ろうかと思っていましたが、厚手シーチングですっきりした袋を作って、かぶせるのもいいかもしれません。

平成23年3月11日は日本人にとって忘れる事のできない日となりました。私は、愛用している服メーカーの新店舗がオープンするというので出かけようと思っていましたが、面倒になって家にいました。普段、地震を感じたら、まず玄関ドアを開けてから次の行動に移る事にしています。たいていの場合、玄関ドアを開けて、家にいるときの定位置であるダイニングテーブルに戻る頃には揺れは収まっていました。しかしあの日は、戻って来ても揺れは段々大きくなるばかりで、どうしよう、と狭い我が家を見回し、結局ダイニングテーブルの下に身を隠すことにしました。そこまで10秒くらいだったと思いますがテーブルの下にいても揺れはますます大きくなり、一人で思わず「怖い～」と言っていました。震源地周辺の方々はどれほど怖かった事でしょうか。なんとか揺れが収まり、踊り場に出ると顔見知りの方々も出て来ていて、話をする事で落ち着く

携帯
エマージェンシー袋

事ができました。

我が家では、水や食料をまとめた非常持ち出し袋のようなものは特に作っていませんでしたが、これは必要だと切実に思い始めました。私の住まいは共同住宅なので、住人の水や食料の準備があり、個人的に準備がなくても何とかなりそうですが、外出中でしたら大変です。このような事態にならなくても「エマージェンシーミール」の必要性を感じた事が今までに何度かあります。

一度目は、二十年ほど前にアムステルダムからマーストリヒトに列車で移動したときの事です。途中で列車が止まり、皆列車から降りてしまいました。何があったのだろうと、駅員の方に聞いたら、途中で事故があり、その間をバスで移動するのだというのです。急いで降りてバスに乗り換えました。やれやれ、と思っていたら、周りの方々のほとんどがペットボトルや手作りサンドイッチなどを取り出しているのです。私と友人は特に昼食の事など考えず、どこかで買うか着いてから食べよう、くらいにしか

思っておらず、食料を携帯するという発想が全くありませんでした。日本ではもし必要になれば、コンビニをはじめ店や自販機があるのですから心配はいりません。でも駅には売店もなく、買うところもすぐには分かりません（何しろ異国なのですし）。「そうか、携帯しなくてはいけないのか、ここは東京とは違うのだ」とちょっと考えさせられました。それに当時はペットボトルを持ち歩くことすらしていませんでした。

二度目はノルウェーのベルゲンでの事。知人が車でハーダンガー高原の郷土ミュージアムに連れて行ってくれる事になりました。有名なハーダンガー刺しゅうの故郷にあるミュージアムですし、時間的にもちょうどお昼になるのでミュージアムのレストランで食べるのだろうと思っていましたが、迎えに来てくれた彼女は「簡単ですがお昼は用意してきました」と言うのです。赤ちゃん連れだったので、忙しいのに申し訳ない、という気持ちになりましたが、もしかしたら節約からかしら（ノルウェーは消費税が高く、ファストフードもびっくりするくらいの値段です）と思いました。彼女が作ってきた理由は後ほど分かりました。途中フェリーにも乗ったのですが、船着き場には店などなくちょっとびっくりです。そしてミュージアムでさらにびっくり、レストランが見あたりません。彼女がお昼を用意してくれなかったら見学も落ち着かなかった事でしょう。彼女に感謝しながらサンドイッチをいただきました。

三度目はノルウェーのトロンヘイムからスウェーデンのイエーテボリまで、やはり車で移動したときの事。朝8時半にスタートして、スウェーデン人の友人二人が代わる代わるハンドルを握り、途中でお茶などしながら車を走らせたのですが、一向にお昼にする気配がありません。4時近くなってやっと「あそこのスーパーマーケットに寄りましょう」と車を止めたところ閉店の文字。彼女達も焦っていましたが、「ではエマージェンシーミールを食べましょう。あなたの分も今朝ホテルからもらって来てるから」と言ってシリアルがセットされた大きめのヨーグルトを差し出しました。私はペットボトルの水を分けて、お昼となりました。

この「エマージェンシーミール」という言葉を聞いたとき、オランダでも皆これを持って出かけていたことを思い出しました。日本では（最近は）水は携帯するものの、食料まで持って出かける方は少ないと思います。でも11日のあのとき、帰宅困難になった方々には「エマージェンシーミール」が必要だったでしょうね。それ以来私は、水と、シリアルや乾燥フルーツをまとめたバー、飴、ライトも付いているホイッスル、防寒用の銀色のシート、使い捨ての携帯電話充電器を持ち歩いています。これに手ぬぐい、方位磁石、ファスナー付きビニール袋も入れて携帯できる袋、名付けて「エマージェンシー袋」を作ってみました。

今まで、携帯ソーイングセット、絆創膏、痛み止め、リップクリームは持ち歩いていましたので、今回私は別の袋にしましたが、一緒に入るサイズにしてもいいかもしれません。


まず入れたいものをファスナー付きビニール袋に入れてみます。一瞬これでもう充分かも？と思いますが、これだけではやはり不格好です。袋布に向いている布というものは特にはありませんが、残り布があればそれを、なければバンダナなど手元にある布を使うと手軽にできます。次に入れた状態のサイズを測り、袋の大きさを決めます。厚みが結構あるのでマチをつけます。マチのつけ方には色々ありますが、一番簡単で私が好きな方法は「折りマチ」。一般的なのは袋状に縫った後で角を三角にたたんで縫う「縫いマチ」ですが、「折りマチ」は底をマチ幅の半分の長さだけ手前に折り、脇を縫うときにこの折った部分も一緒に縫ってしまう方法です。袋口の始末は、ひもを通してしばる巾着タイプ、袋口を5〜6㎝折ってループを作ってボタン留めにするかのどちらかが簡単でしょう。私は手元にひもがなかったのでボタン留めにすることにしました。

さて少し余裕をもたせて測ったサイズは、縦の周囲39㎝、横の周囲33㎝で、厚みは3㎝でした。周囲の寸法から、縫い代込みの布のサイズは、縦が39＋12（折り返し分×２）＋４（袋口縫い代）＝55㎝、横が16・5（33の半分）＋２（縫い代）＝18・5㎝を用意して、❶中表で半分に折って底をマチの半分、1.5㎝折る。❷両脇を1㎝幅で縫い、端をジグザグミシンで始末。❸袋口を三つ折りで始末。このときボタン用のループを挟み込む。ループは２㎝幅のバイアステープで15㎝の長さに作る。❹表に返して袋口を折り、ボタン位置を決めてボタンを付ける。これで出来上がりです。巾着にしたい場合は、縦の周囲の寸法に４㎝くらい加え、袋口の縫い代を2.5〜３㎝とって、ひも通し口を片方、又は両側に作ります。

　バンダナで作る場合は、縁を袋口に使えば袋口の縫い代は不要になりますが、寸法によっては底を縫い合わせる必要があります。サイズ出しで一番簡単なのは、布を巻いてどれくらい余裕を取ったら使いやすいか試してみる事です。家族の分を作るのでしたらイニシャルを入れたり、好きな布を選んでもらってはいかがでしょうか。

マチのつくり方

「縫いマチ」より簡単にできる「折りマチ」。底から必要なマチ幅半分、折りたたんで脇を縫います。ボタンで留めるループは、途中で縫いとめると中身の量に応じて調節できます。

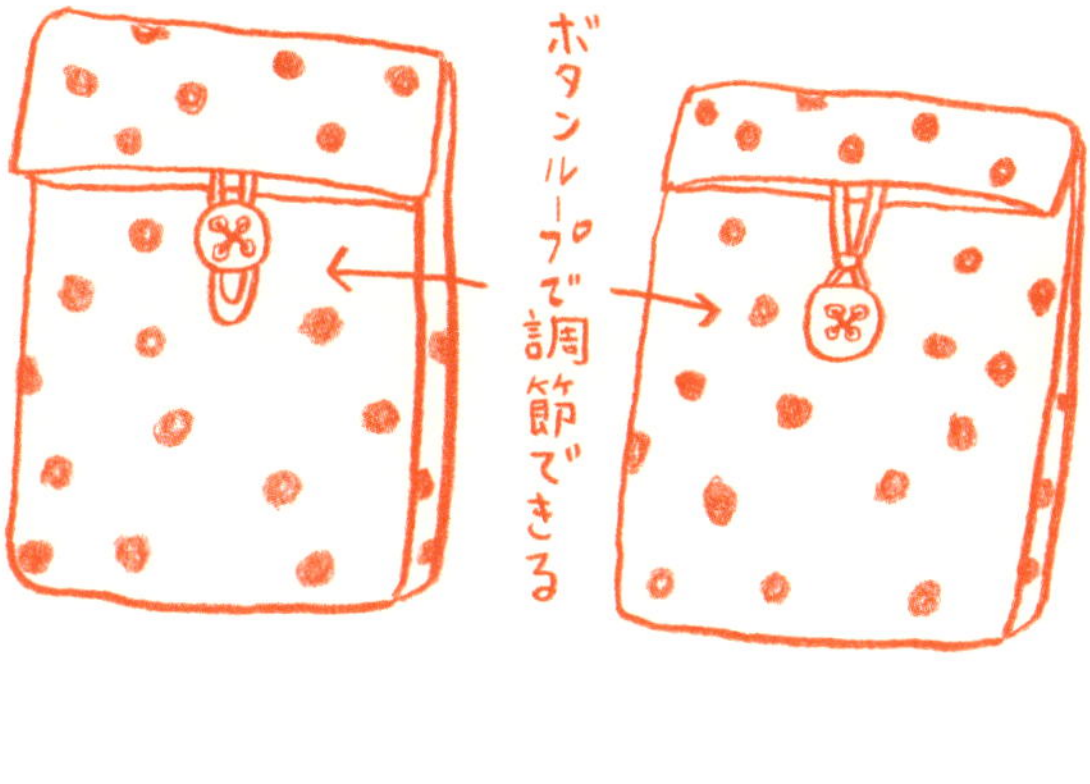

手ぬぐい ハンカチ

朝、学校に出かける前の子供に母親は、「ハンカチとちり紙は持った？」と声をかけてくれたものですが、今の若いお母さんもそうでしょうか。今の学校ではどうなのか分かりませんが、私の通っていた小学校、中学校、つまり義務教育の間は週に何度か少なくとも一回は持ち物検査と服装検査があり、ハンカチとちり紙は必携品。もちろん検査のために持って行くわけではありませんが、忘れた日はその不便さと同時に忘れ物をしたという事が気になって仕方がありませんでした。

当時は、ハンカチと言えば白の木綿でした。木綿のハンカチはそこそこ厚みがありますが、それでも体育の後で汗を拭いたり、手を洗ったりしたときには吸水力にも限界があり、しっかり拭けるガーゼや小型のタオルハンカチも持って行った記憶があります。しかしタオルやガーゼのハンカチは実用的ではあっても、かさばってポケットに入れるにはかなり難あり、でした。

大学生、社会人時代ももちろんハンカチはでかけるときに必携品である事にはかわりなかったはずなのですが、どのような物を使っていたのか記憶がありません。きっとそれなりにきれいなハンカチを使っていたはずですが、もしかしたら実用性を考えてガーゼやタオルタイプを使っていたのかもしれません。余談ですが、高級ハンカチとしてだれもが認めるスワトウレースのハンカチを知ったのはこの頃でした。布の部分より刺しゅう部分の方が多く、その素晴らしいテクニックには驚きました。

ハンカチを改めて認識したのはベビー雑誌の「手づくり子供服」の仕事を始めた頃でした。少しの布でできる夏の子供服等は、布を買ってくるまでもなくハンカチやタオルで簡単に作ることができます。その依頼を受けて材料のハンカチを探し始めてみると、なるほど大きさも柄もそのバリエーションの多さには驚きました。

ベビーや子供用なのですから、まずは可愛い柄、キャラクタープリントをメインにして、従来の白木綿には刺しゅうをしたりレースを付けたり、と応用は無限に広がりました。これをきっかけに自分のハンカチにも目がいくようになり、ローンの大判花柄ハンカチにすっかりはまってしまいました。その頃でしょうか中学生になっていた息子が「白いハンカチは嫌だ」と言い始めました。理由を聞いたところ、「白は反って清潔な感じがしない」というのです、私にはその理由はよく理解できませんでしたが、嫌なのなら仕方がありません。そこで紳士用ハンカチ売り場に足を運んでみると、紳士用にも色々な柄があり、選ぶのが楽しくなりました。木綿のハンカチに洗濯じわがあったのではちょっと情けない感じがするので隅もきちっとなるように、日曜日には息子と私の一週間分のハンカチにアイロンを掛けるのもなかなか楽しい作業でした。

しかし、近年では外出先で手を洗っても手拭き用の紙やドライヤーが必ずと言ってもいいくらいありますので、ハンカチは手を拭くためというより、もっぱら汗を拭くために必要な事が多くなりました。

数年前、「手ぬぐいで作る出産準備品」という仕事をしたときの事です。手ぬぐいの裁ち端布を見てもったいない気がして、何か作れないかしらと考えました。まずは1枚の四角い布を作ってから何を作るか考えることにして、手縫いで接ぎ合わせてみました。縫い代は倒してそのうえからステッチをかけたらほぼ一対二の長方形ができたので半分にたためば正方形になる、ではハンカチに！とひらめきました。中表にたたんで回りを縫い（返し口は縫い残しておきます）、縫い代を縫い目の際から折って爪でしごいて（アイロン代わり）表に返します。返し口をとじたら回りにステッチをかけて出来上がり（約22cm角）。手ぬぐいは吸収力があり、しかも2枚重ねてもそれほど地厚にもならずなかなか使いやすいハンカチができて大満足しました。

この手ぬぐいの素材である「晒《さらし》」は日本の誇る吸水性に富んだ優れもので、我が家には反物で常備しています。これは手ぬぐいと同じ素材で幅は約33cm長さは約9m、両端が布耳になっているので使いやすいという利点があります。長いので腰痛のときの応急手当としてこの晒でしっかり巻いたり、肋骨にひびが入ったときにもとりあえずこれで巻くという使い方もあります。もっとも、こんな事はめったにはありませんが。

日常的な使い方としては、ハンカチの様に縫い返して布巾にしたり、正方形にカットして蒸し器の蓋にはさんだり、さらしタマネギをぎゅっとしぼったりと料理にも使えます。まだまだ、これだけではありません、ソーイングにも活躍します。ちょっと布が欲しいとき、わざわざ買うまでもないとき、例えば見えない部分で何色でも構わない裏袋布や、繕い物の当て布、持ち手を用意すればエコバッグにもなります。残り布やちょっとした布を常備していないお宅でもこれがあればとても便利です。好きな長さにカットできてしかもほつれにくいのも手軽に使える理由です。

さて、今回ご紹介した手ぬぐいハンカチは、長方形に仕上げます。ハンカチとしてはイレギュラーな

形ですが、出かけた先でちょっと膝にかけたいときにはちょうどいいサイズで、たためばほぼ正方形、思いのほか使い勝手がいいのです。

まず40㎝くらい（内2㎝は縫い代分）の長さにカットして、カットした辺を1㎝幅で縫い合わせて輪にしたら表に返し、回りをちくちく縫えばもう出来上がり。両端の布耳の部分はそのままでいいので大助かりです。縫い代の部分は4枚重ねになるので、もっと薄くすっきり仕立てる方法もあります。縫い代を割り、縫い目の位置を端から1㎝のところにずらしてたたみ、同じ様に周りにステッチをかけるとすっきりします。周囲のステッチだけではなく、手ぬぐいの柄に沿ってステッチをしておくと2枚が安定します。ステッチは糸玉が表に出ないように布の間に針を入れてから縫い始め、最後の糸玉も2枚の間に作ります。手ぬぐいの柄に沿って縫う場合は糸玉は作らず、縫い初めと縫い終わりを重ね縫いにします。

でもやっぱり正方形がいいわ、という場合は約20㎝の正方形に縫い合わせる方法があります。正方形にカットした手ぬぐいの四角が中心にくる形です。

まず手ぬぐいの表、布耳が左右にくるように置き、下半分を折り上げます。両端の布耳の部分をそれぞれ縫い代1㎝で縫います。縫った部分の、わでない方の端をつき合わせて、縫い代を割ります。返し口を縫い残して、残りの辺を縫い合わせます。縫い代を割って、返し口も出来上がりに折って、表に返します。返し口を縫いとじ、2枚一緒にステッチをかけて出来上がり。縫い合わせる部分は布の縦と横なのでいいのですが、出来上がったハンカチの各辺はバイアスになるのでステッチをかけるときは伸びないように注意します。

このハンカチを知った方から「介護している母の食事のときに大変重宝しています」という声をいただいたときは、ちょっとしたことが役立っていると知り、嬉しくなりました。

旅先で買った手ぬぐいなど何枚かお持ちの方も多いでしょう。どうぞご活用ください。

手ぬぐいハンカチ

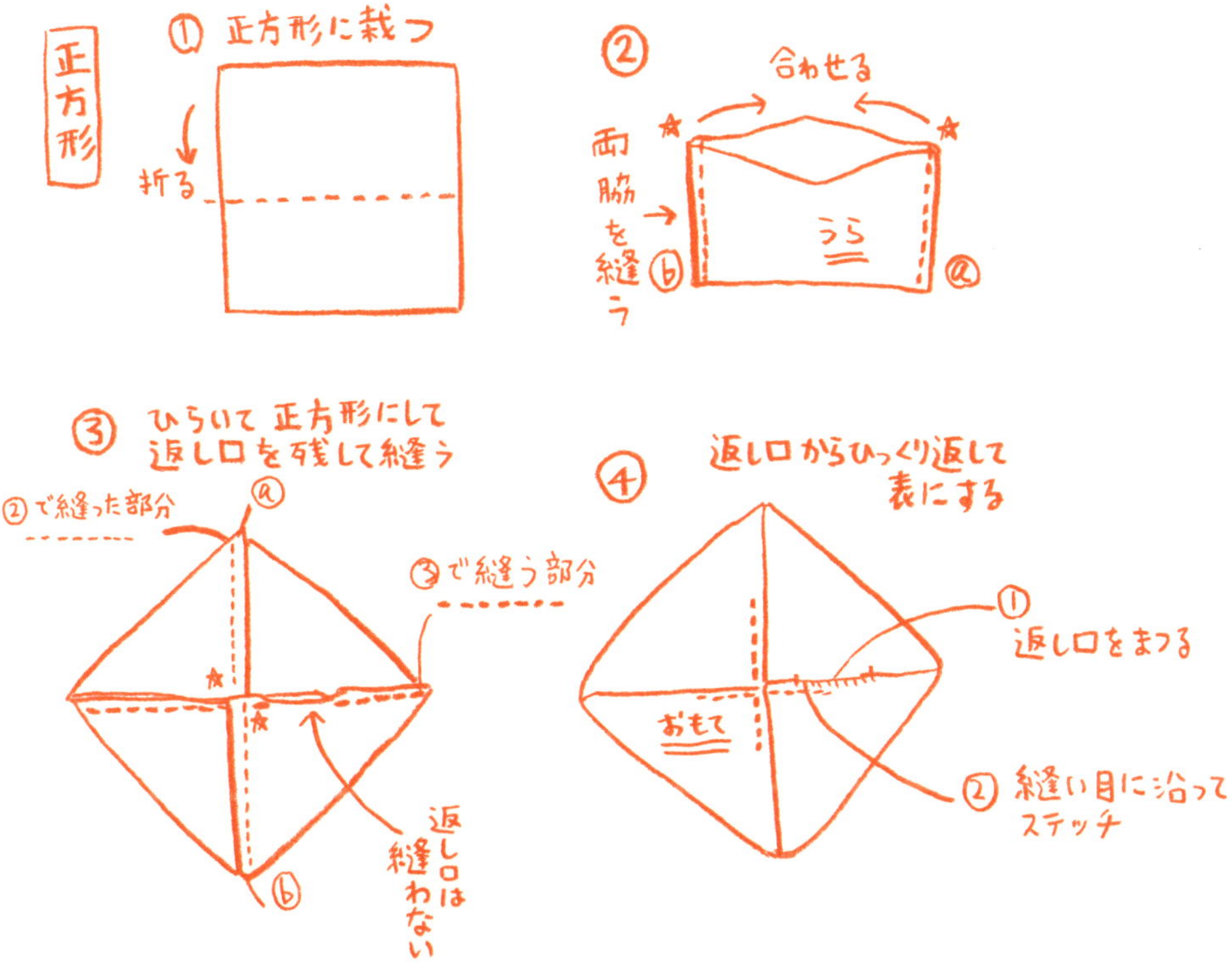

正方形の四隅を中心に集めて、ひと回り小さな正方形を作る方法。中表で半分に折り、両端を縫います。次に縫い合わせた部分をつき合わせてたたみ直し、返し口を残して縫い合わせます。表に返して返し口をとじ合わせたら、中心を表裏合わせてステッチをかけます。こうすると、2枚の布が固定されて使いやすくなります。

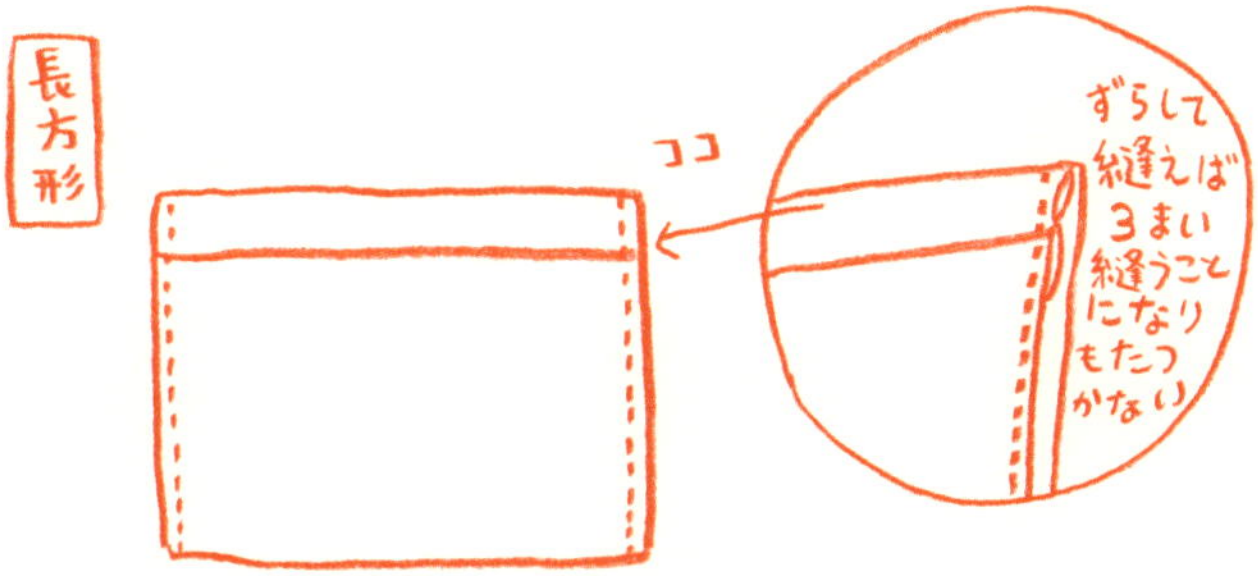

縫い目を端から少しずらすことで通常4枚重なる縫い代部分が3枚になって、薄くすっきりと仕上がります。

雑巾を縫う

小学生のときは机や廊下など毎日水拭きをしていましたし、子供にも手縫いの雑巾を用意していました。しかし、いつの間にか雑巾は買うものになっている事に驚いてからもう30年近く経つでしょうか。確かに直ぐに手に入って便利ですが、たまには雑巾を縫ってみませんか。

古くなったタオルをストックしておいて、適当なサイズにカットして脂汚れ等を拭くときのウエスに使っている方もいらっしゃるのではないでしょうか。そんなタオルを取り出して薄いタイプなら端が中心にくるように四つにたたみ、厚地のものなら三つにたたんで縫います。私がいつも悩むのは立派なタオルの場合です。端の三つ折り部分が分厚くてそのまま使うと縫いにくいし、乾きにくくなります。そこで片方はカットして、もう片方はほどいて二つ折りの状態で使う等、ちょっと手を加えます。

さて今度はどのように縫うか〝デザイン〟を決めます。回りをまずぐるっと縫ってから対角線に縫う、同様に外側をまず縫った後にその縫い目から2㎝か1.5㎝幅でぐるぐる内側にうずまき状に縫う、格子柄に縫う等々〝デザイン〟が決まったら少し長め、やや太めの針に手縫い用木綿糸（家庭科の授業で使う糸）を2本取りにして縫いましょう。針は重ねたタオルの内側から出して縫い始めると糸玉が外に出てきません。糸の色も考えましょう。タオルが白なら赤糸で、濃い色なら白糸で縫う等、出来上りをイメージして取りかかります。縫った雑巾はストックしておき、その時々取り出してきて使うのはちょっと幸せです。

ちょっと一息つくおやつマット

2000年から17年間、ほぼ毎年夏になるとニットの集まりで北欧に出かけています。行き始めて2〜3年後にはニット仲間が自宅に呼んでくれるようになりました。ランチをご馳走になることが多いのですが、どのお宅に行ってもまず出てくるのがランチョンマットです。最初はあまり気にしていなかったのですが、そのうち自宅での食事のときに食器をそのままテーブルに並べる事に違和感を覚えるようになりました。ランチョンマットは持っていましたが、正月以外はしまい込んでいた半月盆を使いはじめました。最近は朝食、昼食時には、気に入ったディッシュクロスをたたんで使う事もありますが、夕食のときはきちんとしたマットを使っています。スウェーデンで買った藁のような素材のざっくりした織物を気に入って使っていましたが傷んでしまい、友人に頼んで似たようなマットを白樺の皮で編んでもらったものが目下のところ一番のお気に入りです。

ランチョンマットは食事のときですが、お茶やコーヒーをちょっと飲みたくなったときに、テーブルの上に小さなクロスを敷くだけで資料や材料で山積みのテーブルでもそこだけ和みの空間ができます。私は約15×20㎝角のマットを愛用しています。夏は布製、冬は編み物をフェルティングしたものなど。クッキー等はお皿を出さなくてもマットがあればそのまま乗せても問題ありません。凝ったデザインの必要はありません。余り布や手ぬぐい、ディッシュクロスなどを使えば簡単に手縫いでできますのでお試し下さい。

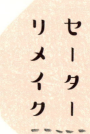

セーターリメイク

ファストファッションという言葉が浸透して手持ち服をリメイクする方が減ってきているかもしれませんが、やはり物は大切にしたいという気持ちは誰しも持っているのではないでしょうか。少し前まで、子供のスカートの裾上げは2～3年は穿けるようにと少なくとも5～6㎝は折り上げていました。1年経ったら子供の成長に合わせて裾をほどき、裾上げをし直しますが元の折山はアイロンをかけてもとれませんので、そこにテープをつけたり簡単な刺しゅうをしたりして新品気分を出すのがお母さんの腕の見せ所でした。息子がヨチヨチ歩きのときは大人のトレーナーやTシャツ1枚からパジャマやパンツをよく作っていましたが、残念ながら最近はリメイクから遠ざかっていました。

しかしスウェーデンの友人が着ていたセーターにはびっくりするようなリメイク術がありました。彼女のVネックセーターは遠目にはくたびれた感じの紺色。しかしよく見ると袖口にセーターと同じ色のビロードのテープが付いていて、それがとてもおしゃれなのです。自分でつけたの？　素敵、と聞いたらその通りでした。それだけでは特に驚きもありませんが、彼女は続けて、実は肘の部分が伸びたので袖を左右入れ替えて付けて、裾は切れたので途中から編み出して傷んだ部分を隠しているの、と言って裾をめくって見せてくれました。大好きなセーターだから、と言った笑顔が素敵でした。

私のセーターリメイクは虫食いセーターの修理をしてちょっとだけリメイク気分になる方法です。好きなデザイナーのセーターに手編みの丸いモチーフを散らしたデザインがあることを知り、早速、かぎ針で小さなモチーフを編み、虫食い箇所だけではなく、全体にバランスよくとじつけてみました。捨てるしかないと思っていたセーターがよみがえり、気に入っています。

まだ試していませんが、もう一つアイディアがあります（何しろ何枚か虫食いセーターがあるのです）。あいてしまった穴を塞ぐのではなく、いっそ利用して周りをかがり、きれいな穴にしてしまうという方法。最近、セールで穴のあいたB級セーターが安く売られているのを見つけました。シルエットが気に入ったのでリメイクをして楽しもうと、思い切って購入。どのように修理しようかと思案中です。

裂き織りカーペット

織物を織った事はなくても興味のある方は多いと思います。最近は卓上織り機もあり、体験しやすくなりました。それらの織り機でまず試してみる織物としては裂き織りが一般的なようです。裂き織り自体は国内でもいろいろな地方で見られますし、海外でもよく見られる織物です。古くなった衣類を裂いて織り糸にするので布が貴重な時代に生まれて当然の方法だと想像がつきます。

現代の日本の生活で裂き織りはどのような使い道があるのだろうかと調べてみると、ホビーとしてコースターやバッグを作る傾向にあるようです。私はなんとなく自分の生活の中で必要とは思えずにいました。

しかしエストニアの友人宅に泊めてもらったとき、部屋の大きさに合わせて裂き織りカーペットが何枚も敷き詰められていたことに気づきました。ファームに住む友人宅では土間にも敷いていたそうです。この友人は2018年のエストニア共和国建国100年記念事業として国民皆で裂き織りカーペットを織るというプロジェクトの責任者になっています。重要な記念として裂き織りカーペットを織るという事はそれだけエストニアの人々にとって生活に欠かせない手づくりアイテムであることが分かります。

まさに必要なものだから作る、という精神を感じます。

暮らしの手仕事

「卓上針道具」一号に糸、糸通し器、メジャーをペン皿に乗せた「卓上針道具」二号。常にテーブルの上に置いてあるので、気づいたときに取り出す手間が省けてすぐ作業にとりかかれます。→針道具のこと（10頁）

桐箱に入った京都の針屋『みすや忠兵衛』の針セット（上）。金沢の『目細八郎兵衛商店』の裁縫セットも桐箱入り。蓋裏に磁石をつけて糸切りばさみをくっつける工夫には脱帽（左下）。同じく『目細八郎兵衛商店』の針の詰め合わせ（右下）。→針と糸の繕いもの（16頁）

上・ケースに入ったボタン付け糸は埃をかぶらないし、引き出すときに転がりません。赤い糸はドイツの手縫い糸。フランスのボタン付け用糸4つは糸巻きの形がかわいらしくて購入したもの。
下・いずれも携帯用裁縫セット。ふたつのどんぐり形のうち、一方は針山、もう一方は糸と指ぬき入れになっています。スティック形のものは糸を4種巻けるようにボビンの様な形。下部を外すと針が入っています。
→針と糸の繕いもの（16頁）

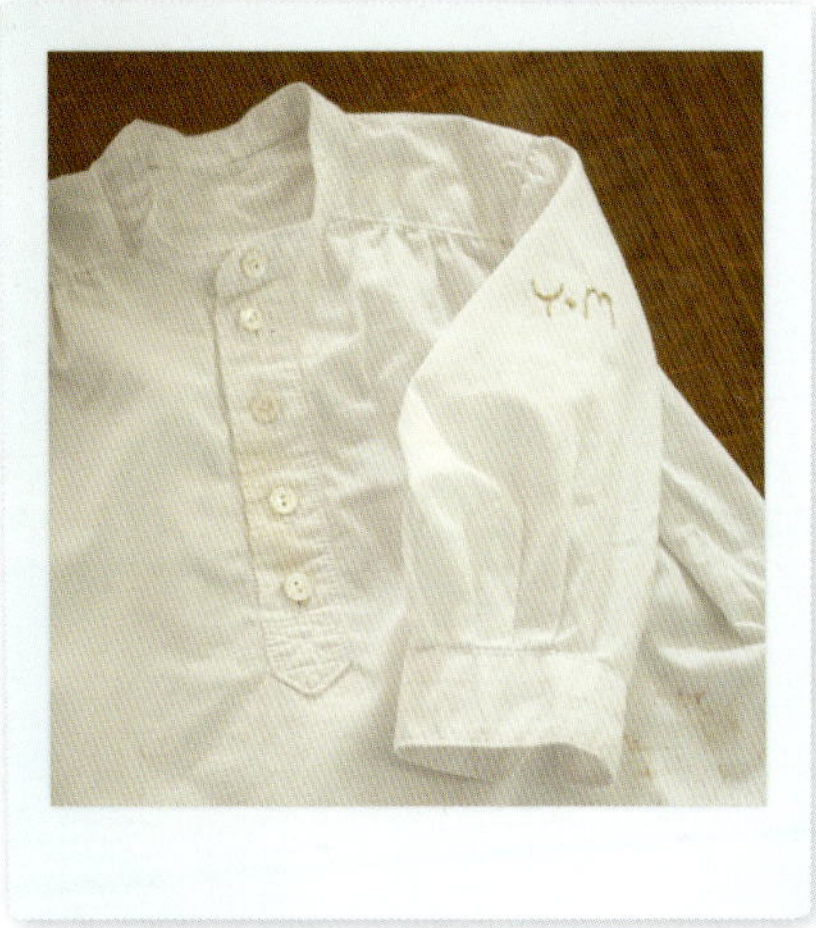

右上・息子に作ったスタンドカラーシャツ。袖にイニシャルを刺しゅうして、大人顔負けのよそ行きシャツに。
右下・小学生のとき、近所に住んでいた若いお母さんからいただいた刺しゅう糸ホルダー。
左上・全円と半円分度器用のケースにも刺しゅう。
左下・刺しゅうに熱中した小学生のときに刺した白いハンカチ。
→実用刺しゅう（34頁）

右上・大学生時代に使ったバインダー。表にはサテンステッチの刺しゅう、裏には定期券を入れるポケットつき。
左上・初めて息子に作ったロンパースは名前の刺しゅう入り。翌年は股の部分をカットしてタンクトップにリメイク。
左下・クロスステッチを施したノート入れ。大角ヤギの文様は大学の美術の講義で習ったものをデザイン。
→実用刺しゅう（34頁）

上・サロペットに別布を足してリュックサックに。サロペットの胸当て部分と肩ひもをそのままリュックの肩ひもに利用しました。→ジーンズリメイク（22頁）
下・お気に入りのウール地をテープ状にカットして平織りにした玄関マット。2色の生地の表裏を使って4色使ったかのような色合いに。→パッチワークを生かす（28頁）

ベルボトムの裾を使って遠足用のお芋バッグにリメイク。持ち手はウエストベルトを切って袋口になった裾に取り付けました。→ジーンズリメイク（22頁）

上・シーチングで作った、編みかけの作品を入れておくニッティングプロジェクトバッグ。持ち手にステッチ、本体にステッチしたテープを縫いつけました。→シーチングの袋（40頁）
下・方位磁石や手ぬぐいなどを入れたエマージェンシー袋は外出時の必携品。→携帯エマージェンシー袋（46頁）

上・手ぬぐいで作ったエコバッグは布の色に合わせて持ち手のテープの色を変えてみました。
下・手ぬぐいを長方形のハンカチ（下）と正方形のハンカチ（上ふたつ）にリメイク。柄に沿って2枚一緒にステッチをしておくと布が安定して使いやすくなります。
→手ぬぐいハンカチ（52頁）

上・グラニースクエアで編んだひざ掛け。ロングピッチの段染め糸で編むと何色も使ったかのような色合いになります。→グラニースクエア（86頁）
下・三角ショールは三角の底辺中央から編み進めて徐々に大きくします。肌寒いときにさっとはおれるし、両手が使えるので便利です。→ニットと編み物（82頁）

上・「かせ」から糸玉に巻くとき便利なノステピン。中心から糸を出せるように巻けるので編んでいる最中に糸玉が転がりません。→ニットと編み物（82頁）
下・フェルティングして作ったコースターとペットボトルホルダー。ひと回り大きく編むのがポイント。1枚で完結させてもいいですし（左下）、何枚か作って編み繋ぐとまた違った柄を楽しめます（左上、右）。→フェルティング（92頁）

上・廉価なウールのショールをフェルティングして、ワッシャー加工のような風合いに。→フェルティング（92頁）
下・普段はプラーンで作ったかごに使い古したタオルを切ったウエスを入れていますが、野菜を入れておくのもおすすめ。→プラーンの裂き編み（104頁）

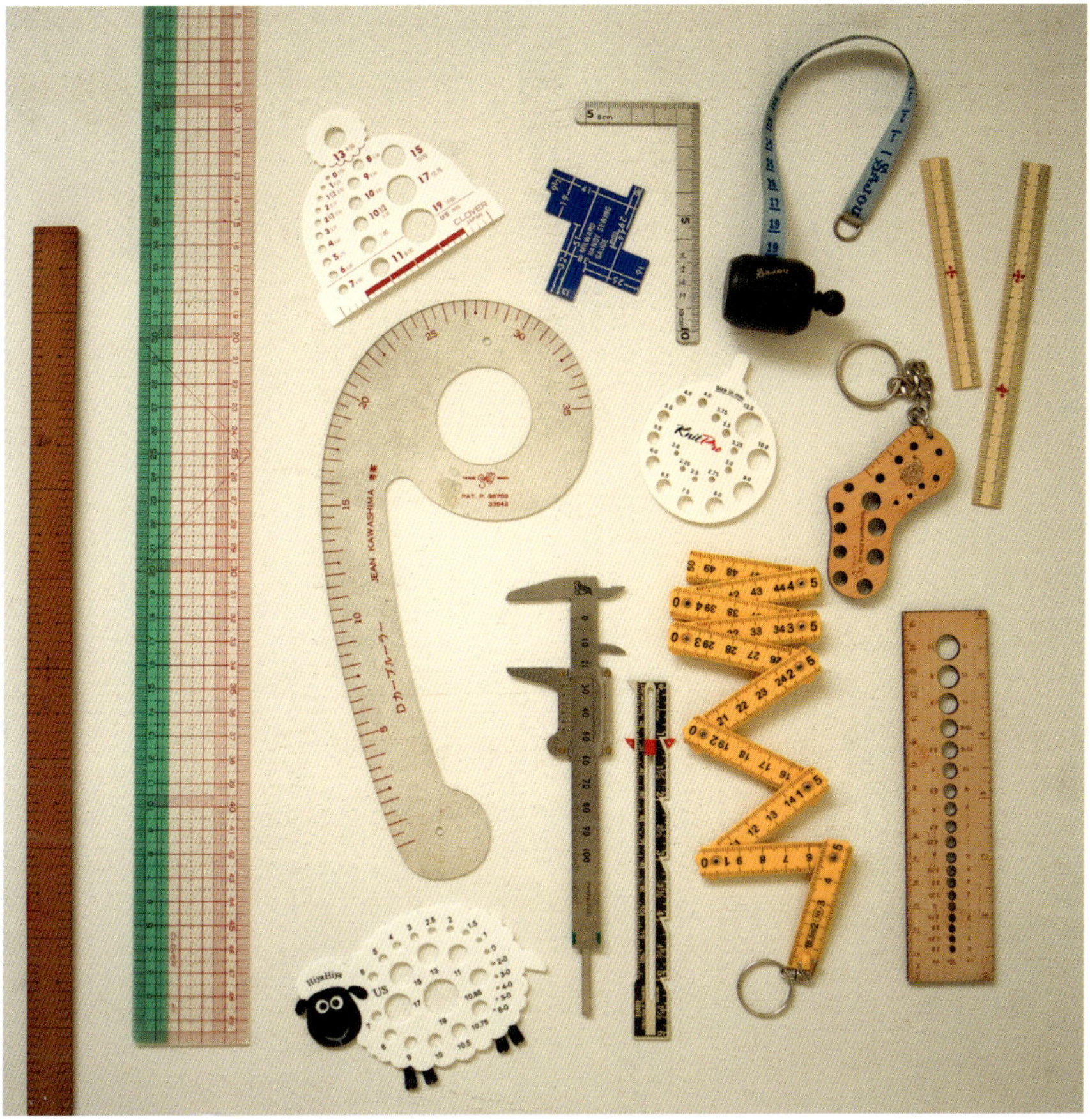

測る道具コレクション。右上の巻尺は布製で、上部のハンドルを巻いて収納します。中央上の青いスケールは細かい寸法で、ステッチ幅や三つ折り幅を測るときに便利。右下の折りたたみスケールはお気に入り。→測る道具色々（114頁）

ソーイングに欠かせないテーラーボード。置き方によってそれぞれ異なるカーブや尖った部分が使え、そこに差し込んでアイロンをかけるとピシッと仕上がります。→アイロンとアイロン台（132頁）

1. 無骨さが気に入って購入したはさみ（左）と種子島の手づくりはさみ（右）。**2.** ピンキングばさみはフェルトの飾り切りに便利です。**3.** 中指又は薬指を穴に通して握るはさみ（上）、厚さ約1mmの薄いはさみはニット用に（右）、小さなナイフもついた折りたためるはさみ（左）。**4.** 4cmくらいの小さなはさみは、首からぶら下げて使うようにリボンに下げて売っていました（右）。コウノトリの形をした刺しゅう用はさみ（左上）と卓上針道具用のはさみ（左下）。**5.** 園芸用のはさみは茎を落とさずに切れるので重宝しています。**6.** デンマークで見つけたはさみ（左）は日本の糸切りばさみ（右）と形がそっくりです。
→はさみ考察（120頁）

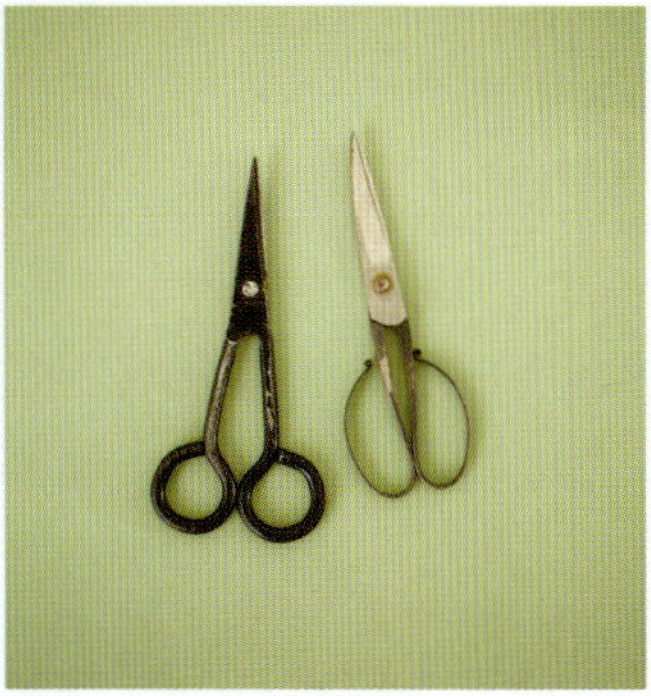

1

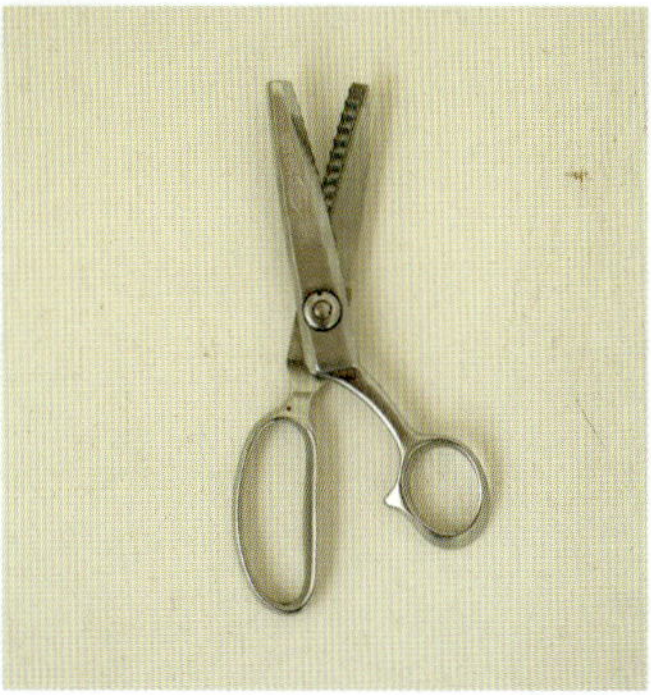

2

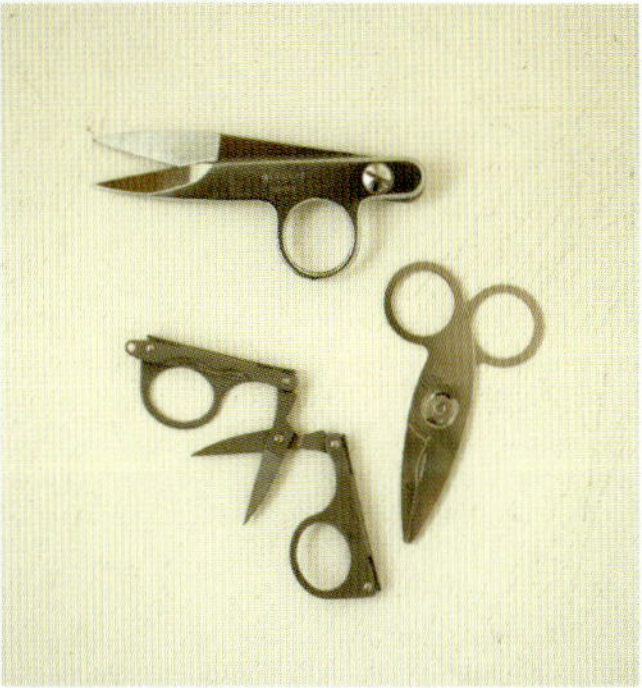

3

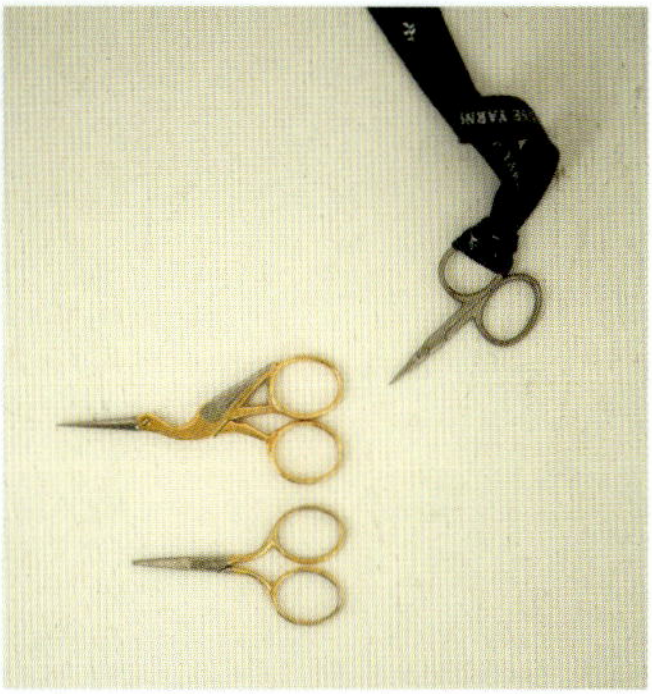

4

5

6

右上・テネリフレースをイメージして作られた「コッポさん」。かぎ針よりも簡単にレースモチーフが作れます。
右下・細いコードが作れるリリアンのような道具。北欧のミトンにはこれで作られたコードが付いていたそう。
左・今では貴重な木製のヂヤンティ織器。できたモチーフを接ぎ合わせてフェルティングしてツイードのようなウール地を作ることもできます。
→誰でも楽しめる道具（138頁）

編むこと

ニットと編み物

趣味は何ですかと聞かれたら、迷わず「編み物です」と答えます。この編み物、私は棒針編みのことをイメージしているのですが、一般的に編み物といえば棒針編みもかぎ針編みも指しますね。ところが、2000年に参加した北欧ニッティングシンポジウムで私がレース編みをしていたら、「クロッシェね」とあまり興味を示してもらえませんでした。そのとき初めて、かぎ針編みと棒針編みがはっきりと区別されているのだと分かりました。ニッティングシンポジウムは棒針編みの情報交換をする集まりだったのです。それ以来私もニットとクロッシェの区別をつけるようになりました。そうなると私の趣味は「ニットです」になりますが、今度はニットというと日本では編み物と同じ意味を持つので「編み物です」ということと変わらなくなってしまいます。ですから、日本語での正しい表現は「棒針編みです」となります。

　この棒針編み、今まで何枚編んだことでしょうか。

仕事を入れると三桁の枚数になるでしょうか。まだ編めない子供の頃はもっぱら母の編み物の手伝いをしていました。昔の子供にとって重要な仕事は、正に「手を貸す」お手伝い、つまり毛糸が大きい輪に巻かれた「かせ」を両手に掛けて、それを糸玉に巻く母の手伝いをすることでした。ある程度の年齢の人には、両手を前に突き出してそのまま回すと、「そうそう」とすぐに分かってもらえるのですが、今の30代以下の方にはピンとこないようです。先日も映画の仕事をした際に、若い助監督さんから「昔の手編みの話になると皆さん手を前に出して懐かしがりますが、何ですか？」と聞かれて、いよいよそういう時代になったのか〜と感慨深いものがありました。

両腕を前に構えて何分もキープするのは結構疲れて、糸の残りは見れば分かるのに「まだ〜」と不平が口をつきます。母から、もう少しだから文句を言わない！と叱られながらも、自分のセーターになるのかと思うとあまり不満も言えず、手伝ったものでした。この何分間かは、なかなかいい親子のコミュニケーションの時間でもありました。

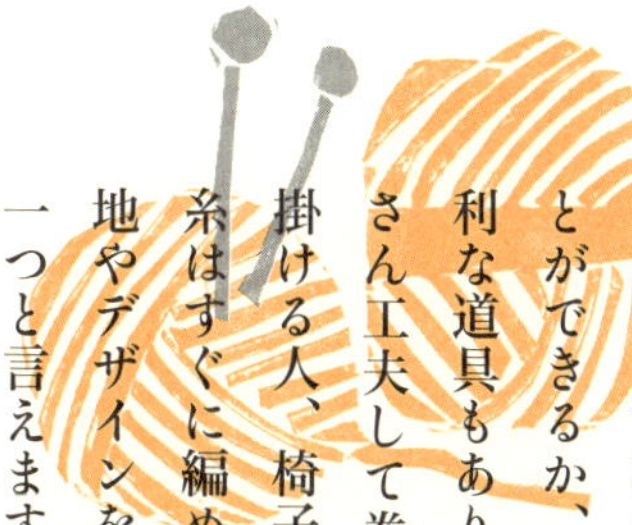

気がつけば市販の毛糸は最初から玉巻になっていて、もう「人手」は不要になりましたが、最近再び「かせ」の糸も増えてきました。家族構成が変わってしまい、身近に借りる「人手」がなくなっているのが現状です。編み物の集まりで時々話題になるのが、どうすれば一人で「かせ」になった糸を巻くことができるか、です。かせくり器と玉巻器という便利な道具もありますが、頻繁に使う物でもなく、皆さん工夫して巻いているようです。「かせ」を足に掛ける人、椅子の背に掛ける人と様々です。玉巻の糸はすぐに編めて便利ですが、糸を巻きながら編み地やデザインを色々考えるのも、ニットの楽しみの一つと言えます。

大学の家政科で教えている友人に聞いた話ですが、最近は糸を巻けない学生さんが多くて驚くというのです。糸を手に巻き付けるのですが、いつまでも同じ方向に巻いているので、糸玉にならないのだそうです。家庭内で糸を玉に巻く光景がなければ、仕方

のないことかもしれません。子供の頃、母と選手交代で、時々私が玉に巻いたのですが、どうしてもきつくなり、しかも普通に巻いたのでは糸が中心から出てこないので、編み始めると糸玉が転がってしまいます。なんとか中心から糸を取り出すようにしていましたが、「ノステピン」という糸巻き棒を知ってからはこれを愛用しています。安価なものではないのですぐに購入した訳ではなく、餃子皮用のめん棒を使っていましたが、それでは重いこともあって、やっぱり欲しくなり、今では何本か持っています。使い方は私が知る限りでは2種類あるようで、8の字に糸を掛けて巻くという方法と〝の〟の字に糸を掛けて巻くという方法があり、私はピンを持った左手を少しずつ反時計回りに動かしながら〝の〟の字に糸を掛けています。きれいに巻けると気分は上々で、いい気分で編み始めることができます。

以前、スウェーデンに住む友人が、昔は毛糸が貴重だったので残った毛糸をきれいに巻いてプレゼントにした、と見たこともないような美しさで巻かれた糸玉を見せてくれました。一番外側は縦横にきれいに糸が渡り、巻き終わりはちょっとリボンのように束ねてふんわりさせてあるのです。さすが「ヘムスロイド（家庭内手工芸）」の国です。

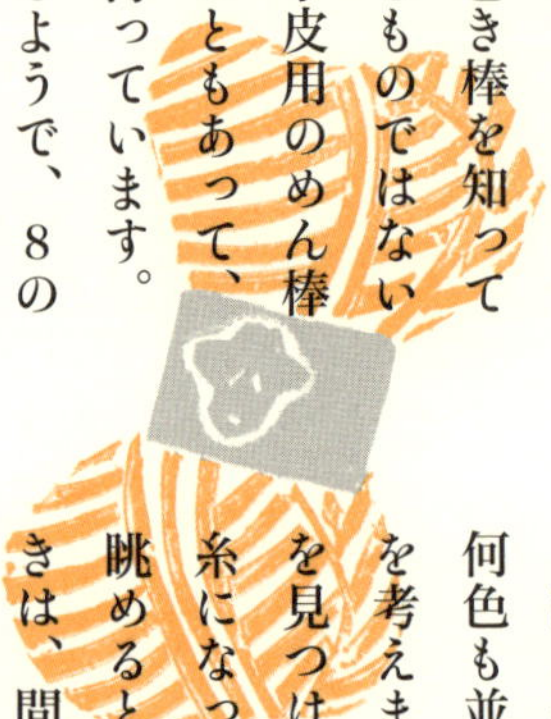

編み込みをするときには、糸玉を絵の具のように何色も並べて、しばしうっとりしながら色の使い方を考えます。エストニアで32色入りの毛糸玉セットを見つけたときは即、購入。これはもう見るだけの糸になっていて、時々出してきては「きれい〜」と眺めると色々なアイディアが生まれます。ニット好きは、間違いなく糸好き。それも色があればあるほど興奮度は上がります。

私の場合、糸はすべて既製品ですが、北欧ニッティングシンポジウムで手紡ぎを体験したこともあります。最初はなかなか上手くよることができず糸になりませんが、太さは揃わなくても段々糸らしくなってくると、楽しくなってよることと太さを揃えようとすることに意識を集中させます。ちょっと余裕ができてくると、色を混ぜて段染め風の糸を作ることができるようになります。ワークショップが終わっても紡いでいる私を見て、参加者の一人が「幸せそうね」と声をかけてきました。自然の中での手紡ぎ体験は本当に幸せな時間でした。

こうして自分で紡いだ糸は、余ったからといって簡単に捨てる気にはなれません。既製品の短い糸でさえ捨てられないニッターが多いのですから、ましてや手紡ぎ糸は徹底的に使い切りたいと思うのは当然のこと。そんなところから生まれたのではないかと思われる、編み物と織物の中間のようなテクニックがあります。ノールビンドニングというのですが、太いとじ針のような針で糸を織るようにしてミトンや帽子を作るのです。糸を使い切ると、糸と糸を紡ぐようにしてつなぎ、編み(織り)続けるのです。全く糸が無駄にならないテクニックには驚きます。

日本でも少し前まで、ウールのセーターは冬には必要な衣類でしたが、フリース（本来は刈りとったままの羊毛のこと）のような化学繊維の暖かいウェアが安く手に入るようになり、暖房設備もよくなってきたことで、手編みのセーターを着る機会も少なくなってきました。そこで私のおすすめニットは、ベストと三角ショールです。ベストならコート下に着ても袖がもこもこしないし、背中が暖かいので室内でも重宝します。編み地はアランだったり、丸ヨークだったり、その時々興味のある編み地をアレンジしています。三角ショールの方は三角の底辺中央から編み始めて2段毎に中央と両端で増し目をして段々大きな三角形にする方法で、表編みだけで編んでも、段染め糸を使うと思いがけない柄になってなかなか楽しいものです。一息入れたいとき、夕食が終わってからなど、ちょっと時間ができたときに手を動かしていると、いつの間にか大きな三角形になり、好きな大きさになったらそこで終わり。三角形の両端に紐をつけて後ろで結べるようにすると、両手が使え、大変便利なショールになります。

このショールは毛糸だけでなく、シルクやリネン糸でも同じ事。夏の冷房対策やはおりものにおすすめです。

グラニースクエア

グラニースクエア、名前を聞くのは初めてでも、多分一度は目にした事のある編み物です。そう、よく膝掛けに使われる四角い、しばしばカラフルなモチーフつなぎの、あのモチーフがグラニースクエアです。かぎ針編みができる人ならきっと編んだことがあるでしょう。かぎ針編みの基本である、くさり編みと長編み、引き抜き編みさえできれば後は規則通り編むだけという、シンプルなテクニックでできる素晴らしい編み物です。

このグラニーという言葉の意味は「おばあちゃん」。直訳すればおばあちゃんの四角となりますが、要するにノスタルジックな四角いモチーフということでしょうか。

このモチーフは１９７０年代に大流行したのですが、19世紀半ばの手芸書には既に登場しているそうです。そこでは「パッチワークスクエア」という名前でしたが、いつの頃からかグラニースクエアと呼ばれるようになったのだとか。誰がどういう理由でこの名前にしたのかも不明ですが、今や世界中にその名が知られ、知名度の高さ、普遍性において珍しい編み物と言えるでしょう。

私の記憶の中の最初のグラニースクエアは、多分高校生の

頃愛読していた手芸書だったと思います。それに母が編み物好きで、彼女のグラニースクエアの膝掛けもその頃編んだものだと思います。茶色系でとても素敵でしたが、ある日病院に忘れてそのまま行方不明になってしまい、母は何年経っても時々思い出しては悔しがっていました。モチーフの大きさは一枚が10㎝四方くらいで本当に完成度の高い物だったので、母はその後作る気になれなかったらしく、94歳になる今もって膝掛けは作っていません。

私はというと、当時流行だったロングベストとスカートをこのモチーフのバリエーションで作った記憶があります。モチーフを一枚一枚編むのは簡単でも、実際に製図をして枚数を計算したら、その枚数の多さにちょっと気持ちが萎えてしまいましたが、やはり身につけたいという気持ちのほうが勝るものです。せっせと編み、ロングベストはミニスカートやジーンズに合わせてよく着ました。

学生時代にはかぎ針編みはよくしたものの、その後は棒針編みの方が好きになって、かぎ針編みは時々レース編みをするくらいでした。

改めてこのモチーフの魅力に気づいたのは『シャーロック・

ホームズの冒険』のＤＶＤ　ＢＯＯＫ（宝島社）を見たときの事。主役のホームズが、モチーフつなぎではなく一辺が１３０～１４０㎝くらいはありそうな、大きなモチーフそのものを毛布のように体に巻いているシーンに驚きました。大きく一枚を編むというのは珍しいことではなく、こたつ掛けになっているのも知っていましたが、男性が使っても違和感のない色使い、それも余り糸で編んだような仕上がりで、その素敵な事！基本色はグレーとベージュで、ところどころ茶色が入っています。シンプルな編み地と色にすっかりとりこになりました。ときに草地に敷かれ、ときに馬車に揺られるホームズの体を包むように使われています。これに刺激を受けて、私もひたすら大きなモチーフを編んでみることにしました。パッチワークスクエアと呼ばれていた頃は、余り布で作るパッチワークと同じように、余り糸で編んだようですが、私は同系色にしたかったので、手元にあったブルー系のグラデーション糸で編み始めました。その糸がなくなったら今度は明るめのブルー、ちょっと違うブルー、段染めのブルーと編み進めました。段染め糸はモチーフサイズが大きくなるにつれて段ごとに違う色になるので、自然に思いがけないデ

ザインができてきます。この大きなモチーフの面白さを編み物仲間の若い友人に話したところ、彼女は元気が出るようにレインボーカラーで作ったと、ソファーにかけた写真を見せてくれました。私にはない発想の色使いで、彼女の部屋の雰囲気にぴったりでした。

その後海外ドラマや映画を見ていると、グラニースクエアは小物として意外に多く登場していることに気づきました。中でもシックで可愛いのは、名探偵ポワロの『もの言えぬ証人』の、その証人である犬がちょこんと座っているバスケットに敷かれている、グラニースクエアの古毛布。霜降りグレーを基調にして、赤や青をアトランダムに配しています。いかにも余り糸で編みましたという雰囲気ですが、飼い主の愛情が表れている感じで、この毛布見たさに何度も見てしまいます。

子供の頃に見て大好きになったディズニーの『ポリアンナ』にも出てきます。こちらは大きめのスクエアを何枚か接ぎ合わせたもので、色がけばけばしく、お世辞にもセンスがいいとは言えませんが、持ち主である老婦人の、孤独で意固地な感じが出ています。雑然とした部屋のソファーにかかっているのですが、彼女の着ている物の趣味と合わせているようです。

さてこのモチーフの編み方ですが、まずくさり編みで4目を編み、引き抜き編みで輪にします。くさり編み3目（長編みの立ち上がりの目）、輪の中に長編み2目を編み、［くさり編み2目、長編み3目］を3回くり返したら、最後にくさり編みを2目編んで、立ち上がりの3目めに引き抜き編みをします。これで1段めが編めました。2段めは1段めの最初の長編み2目の頭に引き抜き編みをしたら次のくさり編みにも引き抜き編みをして、くさり編み3目（立ち上がりの目）、下段くさり編み2目の中に長編み2目、くさり編み2目、長編み3目、くさり編み1目を編みます。［次の下段くさり2目に、長編み3目、くさり編み2目、長編み3目、くさり編み1目を編む］を3回くり返し、2段めの立ち上がりの3目めに引き抜き編み、そのまま2段めと同じように引き抜き編みをして3段めを編み始めます。3段めからは下段のくさり編みが1目のところには［長編み3目、くさり編み1目］、角のくさり2目には2段めと同じ編み方をして、好きな大きさまで編みます。〔▽110頁参照〕段を変えるときには他の方法もありますが、これが一般的な編み方だと思います。

一番小さいモチーフは1段編むだけ、大きいものは無限大。

問題は色使いでしょうか。特にモチーフを沢山つなぎたい場合は、編む前にデザインをします。中心の色を変えて周囲は同じ糸にする。又は中心と周囲の色の組み合わせを幾つか考えて、それを反対にした色使いもする、例えば色の組み合わせを三種類考えれば六種類の色使いのモチーフができます。毎段色を変えるのも素敵ですが、収拾がつかなくなるおそれもあります。余り糸を使う場合でも基本色を決めておくとまとめやすいでしょう。

アルネ&カルロスさんのレクチャーで伺ったアイディアはなるほど、というものでした。まず色を決めます。例えば4色(A、B、C、D)の場合、1枚めの1段めをA、2段めをB、3段めをC、4段めをDで編みます。2枚めの1段めはB、2段めはC、3段めはD、4段めはA、というようにずらしながら編み進めます。

でも大きな毛布にしたい場合は前出のようにひたすら大きく編む方法がおすすめです。気の向くままに編んでも、それなりに素敵に仕上がるのがグラニースクエアの魅力です。

「フェルティング」という言葉、想像がつくようにフェルトにする、とかフェルト化するという意味で、ふわふわの羊の原毛をこすって作る方法が一般的かもしれません。原毛にちょっと熱めの石鹸水をかけてこすり、繊維を絡ませてフェルトにするという話は、20年くらい前に、スウェーデンに住んでいた事のある手芸家から伺いました。スウェーデンやフィンランドでは伝統的な手法らしく、『ムーミン』に登場するスナフキンがかぶっている帽子も、この方法で作られたものではないでしょうか。

　実際に作る過程を見た事があるのですが、繊維を揃えた原毛を、方向を変えて互い違

フェルティング

いに重ね、熱めの石鹸水を何度もかけながらこすり、少しずつフェルト状にしていきます。この方法で袋や帽子のような立体も作れるのですがなかなか大変そうで、面白い手法だとは思いながら自分で試す事には躊躇していました。

2000年にデンマークで開かれたニットの集まりで、フェルトの作品を売っている人がいました。作品はワンポイントの花柄がついた可愛い手提げやジャケットで、複雑な花柄をどうやってきれいにつけたのかしらと不思議に思って手にとると、どうも原毛から作った物ではなさそうです。出展者に聞いてみると本体は機械編みで、花柄を刺しゅうしてから洗ってフェルト化しているとの事。「ジャケットは信じられないくらい大きめに編むのよ」と説明してくれました。確かにセーター類は洗っているうちに全体が縮まったり、脇の下だけがフェルト化したりして、がっかりした経験がありますが、これを効果的に使う発想は新鮮な驚きでした。

この集まりでは、ある晩ファッションショーがあるというので、何だろうと思っていたところニット地をフェルティングした作品のショーでした。デザインしたのは機械編みのワークショップの講師で、どの作品も初めて見る面白いテキスタイルでした。フェルト化する糸（ウール）としない糸（化学繊維）を上手に組み合わせて編む事で、縮む所と縮まない所ができて不思議なテキスタイルになっていました。ラメの使い方も上手で、フェルト状のウールの中にキラキラした部分が混じり、とてもスタイリッシュ！また、編み地にコインやビー玉を入れて伸ばして縛り、それから洗うと、元のニット地は縮んでもコインやビー玉を入れた所はそのままぽっこりした形が残る、そんなテクニックを使ったユーモラスな小物も沢山登場しました。さすがウールの国です。ウールの性質を上手に利用したこの手法には大変興味をそそられました。その後北欧のニット仲間の作品をよく見ると、フェルティングを施した物が多々見られるではありませんか。手法を知らないと、目にしていても気づかないのだ、ということも思い知らされたのでした。

　この「編み物フェルト」は、編む楽しさと、編んだ後に洗って、編み物とは違う風合いになるという、二度の楽しい体験ができるので、最近は作品を編むだけでは物足りない感じがするようになったほどです。特にニットのバッグは、フェルティングをすると目が詰まって丈夫になり、表面も変化して面白い仕上がりになります。洗う前にウールの刺しゅう糸で柄を加えると、より一層変化が楽しめます。チェック柄等は、編むのはちょっと手間がかかりますが、刺しゅうをすればいいので簡単。是非お試し下さい。編み物はしない、という方には手持ちのウールセーターやショールのフェルティングを試して頂きたいと思います。以前、廉価なウールのショールを糸でぐるぐる巻きにして洗ってみたところどこのブランド？というくらい素敵なワッシャーのかったショールに生まれ変わりました。

しかし日本では、編み地が縮むという事はどうしてもネガティヴにとらえられがちで、なかなか賛同者が増えないのは残念です。

以前自分の本で、この「編み物フェルト」を紹介したところ、読者の方から「指示通り洗っても縮まりません」との質問を頂き、

詳しく伺ったところ、弱流水で中性洗剤を使って洗ったとの事。縮めるというイメージはなかなか伝わりにくいようでした。熱を加える、摩擦を加えるという、ウールによくない手荒な事をすると糸は縮みます。一般的にフェルティングには「60度くらいのお湯で洗う」とありますが、私はタオルや下着を洗うときと同じように洗濯機で洗います。もちろん「洗濯ネット」に入れて。1回ではあまり変化は見られませんが、2回、3回と洗ううちにフェルト化してきますので、自分の好みのイメージに変化したところで脱水して乾かします。デンマークのニットデザイナーの友人も同じような縮ませ方をしていますが、「編み目がつぶれるまで縮ませないように、そうでないと編み物だという事が分からなくなるから」と

アドバイスしてくれました。

　編み物フェルトの作品で、私が一番重宝しているのはペットボトル入れです。これは生乾きのときにペットボトルを入れて成型し、そのまま乾かしてぴったりサイズに仕上げたものです。何がいいかというと、生地が厚いので冬の温かい物も夏の冷たい物もどちらも保温機能がなかなかで、しかも冷えたボトルの外側の水滴でバッグの中の本等を湿らせてしまう心配もありません。

　もう一つ便利に使っているのが、今回ご紹介するコースターです。これもペットボトル入れと同様にグラスの水摘も何のその、しっかりカバーしますし、熱いものを直接テーブルに置いて跡がついてしまった！という失敗も防げます。おすすめは6～8号棒針に合うくらいのウール糸です。縮ませるのですから、必ずウール100％で防縮加工をしていない物を使って下さい。

　洗うと大体において10～15％縮みますので、欲しいサイズの1.1～1.2倍くらいのサイズで編みます。10～11㎝で編めば、洗った後のサイズは9㎝前後になります。編み地としては、縁が丸まらないガーターが一番向いています。ここではちょっと変化をつけた「ドミノ編み」で作ってみましょう。テクニックとして必要なのは表編みと、3目一度だけ。糸は一色でもいいですが、二色使うと楽しいデザインになります。手持ちの糸で同じ太さが二色無くても、似たような太さのものならあまり気にしなくても大丈夫。75頁左下のコースターは、8号棒針を使って37目の作り目、編み上がり寸法は一辺が11・5cm、4回洗って縮まったサイズは約10cmです。

❶奇数で作り目（ここでは37目）。❷1段めはすべて表編み。❸2段めは17目［＊］表編みしたら右上3目一度（1目すべり目、2目一度、すべり目した目を2目一度の目にかぶせる）、17目表編み。❹3段め以降の奇数段は1段めと同じようにすべて表編み。❺4段め以降の偶数段では［＊］の数字を前の偶数段から1目ずつ減らしながら編み（4段めは16目）、中心の3目の所で右上3目一度し、残りを表編み。❻これを繰り返し、3目残るまで編んだらその3目を右上3目一度にして編み終わり。〔▽110頁参照〕

これが基本のドミノ編みです（これは一枚で完結させる編み方ですが、75頁左上のように編み繋ぐ場合は、2段め以降の最初の目をすべり目、毎段最後の1目を裏編み）。75頁左下のコースターは2段めから19段めまで2段毎に色を変え、20段めからは一色で編みましたが、2段毎に糸を替えて全体を縞柄にしてもいいし、半分まで一色で編み、残りを別糸で編んでもいいでしょう。大きく作ればおやつマットやチェアマットにもなります。

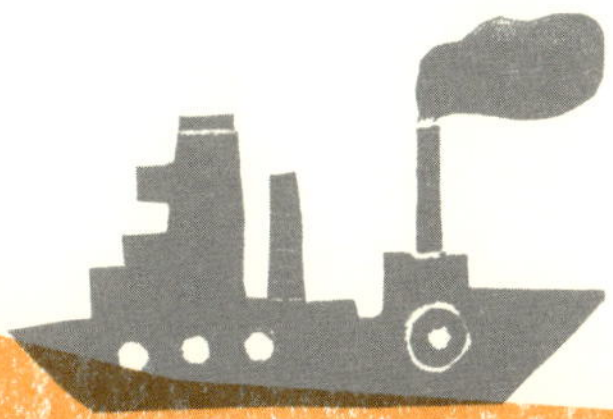

レースのカーテン

我が家を訪れた人は、必ず「生活感のない部屋ですね」という感想をもらします。これは、すっきりと片付けられた部屋ですねという意味と取ることもできますが、そうではありません。全くといっていいくらい、装飾品が置かれていないことから、みなさんが抱く感想のようです。どうして、

そんな部屋になっているのかを自己分析してみると、掃除が苦手でなるべく片付けやすくしておきたい、ただの飾り物でしかなく実用性がないものが好きではないという、二つの理由からだと思い至りました。しかし、そんな私でも「飾る」という目的から作ったものが、一つあります。それは、キッチンで使っ

ているかぎ針編みで作ったレースの「スパイスラックカーテン」です。このカーテンは、目隠しという実用性があるのはもちろん、身近に「手作りしたもの」が欲しいという私の欲求も満たしてくれるものでした。キッチンは、料理のたびに油がはねて、汚れやすい場所ですが、白のレース糸なら汚れても、漂白してまた元通りになるので安心だと思ったのです。

　スパイスラックカーテンを見ると、私はいつも、カフェカーテンを思い出します。その向こうにあるものを隠すということ、その外観を飾るという二点が共通しているように感じるのです。1996年に訪れたドイツで、レースが施されたカフェカーテンがかかった窓を初めて目にして驚いたことを記憶しています。当時の日本で、カフェカーテンはまだ一般的ではなかった気がします（私が知らなかっただけかもしれませんが）。窓の前を通る人の目を楽しませるレース風カーテンと、その下に置かれた小さな鉢植えや玩具。生活を楽しむとはこういうことか、

と実感した体験でした。

　すっかりカフェカーテンに魅了されて、どこに行ったら買えるのかしらと思っていたら、旅行中に立ち寄ったスーパーマーケットで計り売りされているのを見つけ、大喜びで2～3種類購入したほどです。

　初めてのヨーロッパ旅行からほどなくして日本でもカフェカーテンを扱うお店が増えて、一般的になりました。ところが、日本の住宅によくあるアルミサッシとカフェカーテンの組み合わせは、ドイツで初めて見たときのような、生活を楽しんでいる雰囲気があまり感じられず残念な気がしています。

　その後、ヨーロッパに行く機会が増えたのですが、歩いていても、列車に乗っていても、目に飛び込んでくる家々の窓を観察し、窓下の置き物に小さな子供がいるのかなと想像をめぐらせ、ちょっとものを置き過ぎでは？と批評したりと、窓ウォッチングをするのが楽しみになりました。それは、今でも変わっていません。

　そして、レースのカーテンで思い出すのは学生時代に時々行った、葉山の喫茶店です。その喫茶店の向かいには、大きな窓から素敵な夕日が見える、眺めのいいレストランがあったので、そちらばかりに行っていたのですが、ある日のこと、手作りらしいレースのカーテンが気になって、その喫茶店に入ってみました。広い店内の窓にはすべて、かぎ針の方眼編みで作られたカーテンが掛けられ、テーブルにもかぎ針編みのテーブルクロスが掛かっていました。

当時の私は、かぎ針編みのレース編みもしていましたが、せいぜい小さなドイリーを作るくらいで、カーテンを編むという発想に圧倒されました。方眼編みというシンプルな編み地ではありますが、逆にシンプルであればこそ、編み地の欠点が目立ってしまい、難しいものです。誰が編んだものなのか気になって、お水を運んで来てくれた、店主の奥さんと思われる方に訊いてみると、やはりその奥さんが編まれたものだと分かりました。店内に飾られているすべてのものを作り終えるのに、どれくらい時間がかかったのだろうと考えたら、呆然となった記憶があります。

カーテンについては、他にもこんなエピソードがあります。いわゆるレースのカーテンは、布のカーテンとセットで掛けるのが一般的ですが、私は、既製品のレースカーテンがどうも好きになれませんでした（既製品の布カーテンもなかなか気に入りませんが）。そこで、結婚をして、家にカーテンを掛けようとなったときに、手作りしようと思い立ちました。でも、葉山の喫茶店のような手編みレースカーテンはとうてい無理です。あれこれ思い悩んでいるときに、以前ある雑誌に掲載されていた、白いローンカーテンの写真に目を奪われたことを思い出しました。透けるような薄いローン地のカーテンが風にふわりと踊り、レースのカーテンに代わるものはこれしかないと思ったのです。

こうして、結婚後の新居用に、ローンカーテンと合わせて、布カーテンも頑張ってシーチング地のギンガムチェックで作ることになりました。ローンは薄いので、ミシン掛けは少し大変でしたが、なかなか上手に出来上がり、作ってよかったなと自作のカーテンを嬉しく思っていました。ところが、ある日のことです。カーテンをそっくり洗ったときに、それは起きました。脱水機のふたを開け、中にあるはずのローンのカーテンを見て愕然としました。もともと地の薄い生地なので、洗濯の過程で、小さな塊になってしまい、広げてみると、見事にしわしわになっていました。一生懸命しわを伸ばしながら干したものの限度があり、乾いたあとのアイロン掛けに一苦労。家事仕事の中でアイロン掛けは好きなのですが、ローンはしわを伸ばしたところも、他を掛けている間にまたしわが寄って……のくり返し。その手間にすっかり打ちのめされてしまいました。その後一年足らずで、引っ越すことになり、手作りしたものなので、多くの思いはあったものの、かかる手間に負けて泣く泣く廃棄する結果になったのです。そんな失敗を経験して、今では手作りカーテンは諦めて、でもレースのカーテンは使わず、そこそこ気に入った布カーテンだけを掛けるという環境に落ち着いています。

ここ十年は北欧の友人宅を訪ねるチャンスがありますが、彼らは腰板のある窓にはカーテンというよりスクリーンを掛けている家が多いように思います。中でも印象深かったのは、よく知られたマリメッコの大きな花柄のスクリーンを部屋ごとに色を変えて使っていた友人のお宅です。もちろん天井の高さ、部屋の壁色など、我が家とは家の造りが全く違うので、そのまま真似ることはできませんが、シンプルなプリント柄のスクリーンを色違いで掛ければ、我が家でも統一感が出て使うことができそうです。

初めての手作りカーテンの失敗がトラウマになっていて、可能性は限りなく少ないですが、もし、今私がカーテンを手作りするとしたら、もう一度白いローンカーテン、それも大きな格子柄にピンタックをとって作ると思います。そして、それに合わせる布カーテンは、すっきりした色使いのナインパッチをスクリーンに仕立てるか、それともプリント地を探してみようか……。ものを作ることは大好きなので、自分のために手作りするときのイメージだけは、どんどん膨らむのです。しかし我が家の窓に、再び手作りカーテンが掛かる日は、はたしてやって来るのでしょうか。

プラーンの裂き編み

スーパーマーケットやコンビニエンスストアに限らず、何か買い物をしたら必ずと言っていいくらい、袋に入れてくれます。紙袋の場合もありますがたいていは「プラスティックバッグ」に入れてくれます。

　私は以前から、スーパーマーケットにはエコバッグや買い物かごを持って行くようにしていましたが、それでもやはり入れて欲しい場合もあったり、旅行に出かけたときには土産物店では袋を断る前に差し出されていて、帰る頃には何枚も溜まっていたり…気をつけていてもいつのまにか溜まっています。

　日本ではここ数年、スーパーマーケットでのエコバッグ持参がかなり普及してきたように思います。30年前にドイツに行ったとき、スーパーマーケット

で袋が出てこなかったので「袋は？」と聞いたところ、欲しければ買いなさいと言われ、びっくりしたものです。それから2年後にイギリスの友人を尋ね、一緒にスーパーマーケットに行ったときにもプラスティックバッグは渡されず、必要な人は空になった段ボール箱に野菜等を入れて帰っていました。車での買い物が一般的な地域だったからかもしれませんが、これにもびっくりしました。その後北欧に行く事が多くなりましたがスーパーマーケットでは袋はくれるものの薄い事！しかし面白いと思うのは、列車の中にゴミ捨て用に結構しっかりしたビニール袋が設置してある事です。日本ではまだゴミ袋の設置されている列車には乗った事がありません。

お店でくれるプラスティックバッグを一概に拒否する事もないとは思いますが、溜まると結局不燃ゴミとなってしまうだけなのですから、私は家からスーパーマーケットに出かけるときは、昔ながらの竹かごを下げて行きます。盛岡で購入したのですが

底の形がしっかりしているので卵や豆腐など、壊れやすい食品を買ったときにも安心です。ワインを買っても特にカバーをしてもらわなくていいし、濡れてもそれほど気にならないし、天然素材なので結局土に返るし、言う事無しのエコバッグです。

じつは私がこのスーパーマーケットでくれる袋を「プラスティックバッグ」と呼ぶ事を知ったのはデンマークの友人がこれをテープ状にカットして編んだバッグを教えてくれたときでした。

伸縮性の無いこの素材を棒針編みにするのは大変でしたがとても興味を引かれました。制作したのは彼女の本を日本で出版するためでしたので、なるべく見栄えがいいようにメインは白地のテープにして、濃い色の袋で作ったテープは、デザインポイント用に使いました。軽くて丈夫そうで自分でもいつか作ってみたいと思っていましたが棒針編みでは大変なので決心がつかずにいました。5年前、自分の本で荷造りひもと裂き布のテープを使ってかぎ針編みバスケットを作ったところ、いい感じの出来上がり

になりましたので前から欲しかった野菜カゴをプラスティックバッグのテープで作ることにしました。

まずはテープ作りです。デンマークの友人になった簡単な方法をご紹介しましょう。これは私が知らなかっただけで最近手に入れた洋書にも同じカットのやり方が載っていました。プラスティックバッグの底と持ち手部分をカットして輪にし、切ったところが上下になるように置きます。次に左辺が右辺から3㎝くらい残すように折ります。さらに折った部分をもう2回同じところまで折りあげると重なった部分が16枚重ねになります。ずれないように重なったところを押さえて薄手なら2～2.5㎝、ちょっと厚手なら1.5～2㎝弱の幅でカットします。幅は厳密に計る必要は無く、大体の目安で大丈夫。1.5～2㎝弱の場合は重なったところを中指と人差し指で挟んで指の幅を目安にすると大体それくらいの幅になります。これを広げるとたくさんの輪がついたのれん状になります。切り残した部分が中央にくるように置き、右の切り込みと左の切り込みを斜めに切っていくと1本のテープになります。

このテープは先の洋書を見ると、Plarnと表記されていました。辞書にはなく、色々ネット探していたらこれを使った作品が出てきて意味が分かりました。つまりプラスティックとヤーンを合わせた造語で、編み物の世界ではかなり通用している様子です。You Tubeにもこのテープの色々な作り方が出てきます。プラスティックバッグを細長く折りたたんで、ただ輪にカットしている画面には驚きましたが、輪ゴムをつなげて長くするような要領で、この大きな輪を次々に繋げて1本にしていました。この方法ならテープがなくなっても結んで繋ぐ必要がないのでいいかもしれません。

ついでに関連画面を見ていたら西アフリカのサイトをみつけました。その地域ではプラスティックバッグが主にブルーと黒だそうで、ブルーと黒の縞のショッピングバッグが紹介されていて、とても素敵。編んでいる方は編みながら左手でテープをねじって、細くしながら編んでいました。こうするとしっかりした堅い質感の編み地ができそうですが今回私はあまり気にせず、太めのかぎ針（７㎜）でざくざく編みました。

編み地は細編みだけでできるので簡単です。まず糸を輪にして、くさり1目立ち上がりの後、輪の中に細編みを６目編みます。２段めは下段の1目の中に２目ずつ細編みを編み入れます。３段めは1目編んで、次の目は下段の細編み1目に２目編みいれる、を繰り返します。４段めは２目編んで、次の目は下段1目に２目編み入れる、を繰り返します。以降も毎段６目ずつ増し目をしながら72目になるまで12段編みます。毎段、下段の同じ目で増し目をすると六角形になりますので、７段めか８段めくらいから増し目位置をずらすとだいたい丸く編めます。72目になったら13段め以降は増し目をせずに筒状に編みます。ただし13段めでは下段の細編みの頭のくさりループの２本に針を差し込みのではなく、外側の1本だけにかぎ針を差し込んで細編みを編みます。こうすると底と筒の境目がすっきりと立ち上がり、きれいな形になります。この方法は他の素材を使った場合も応用できる編み方です。筒の部分を必要な丈まで編んだら持ち手を作ります。［くさり８目、下段の細編み８目とばして、細編み28目編む］左右対称に２カ所に作ります。最後の段は持ち手になるくさり８目には10目、それ以外は下段の目に細編みを編み入れて一周したら出来上りです。

私はタマネギやジャガイモを入れるバスケットにするつもりで作ったのですが、ウエスを入れて台所の隅に置くことにしました。

これで編んだものは軽くて、水にも強いので水回りで使う、例えば旅行用の化粧ポーチや、海水浴用の袋等にも向いています。西アフリカの方のようにテープをねじりながら編んだら丈夫なプラスティックショッピングバッグに変身。野菜の水切りかごとして使う方もいらっしゃるそうです。可能性豊かでおもしろいこの素材、是非お試し下さい。

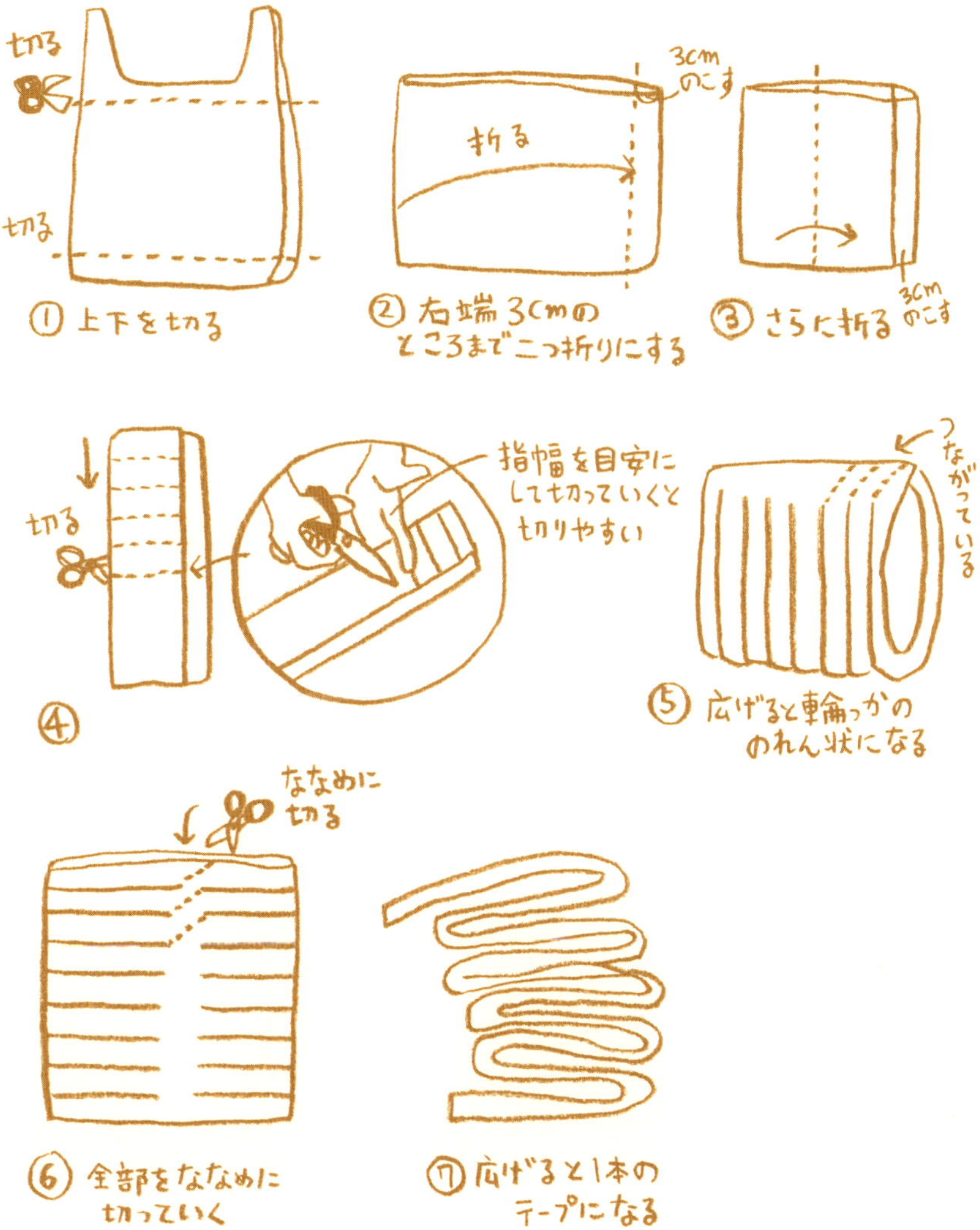

一度に簡単にプラーンを作れる方法。のれん状にカットしてから、切り込みを真っ直ぐではなく、斜めにカットしていくところがポイント。この方法の他にも、プラスティックバッグを細い輪にして、輪ゴムをつないで長くするように結んで長くする方法もあります。

グラニースクエア

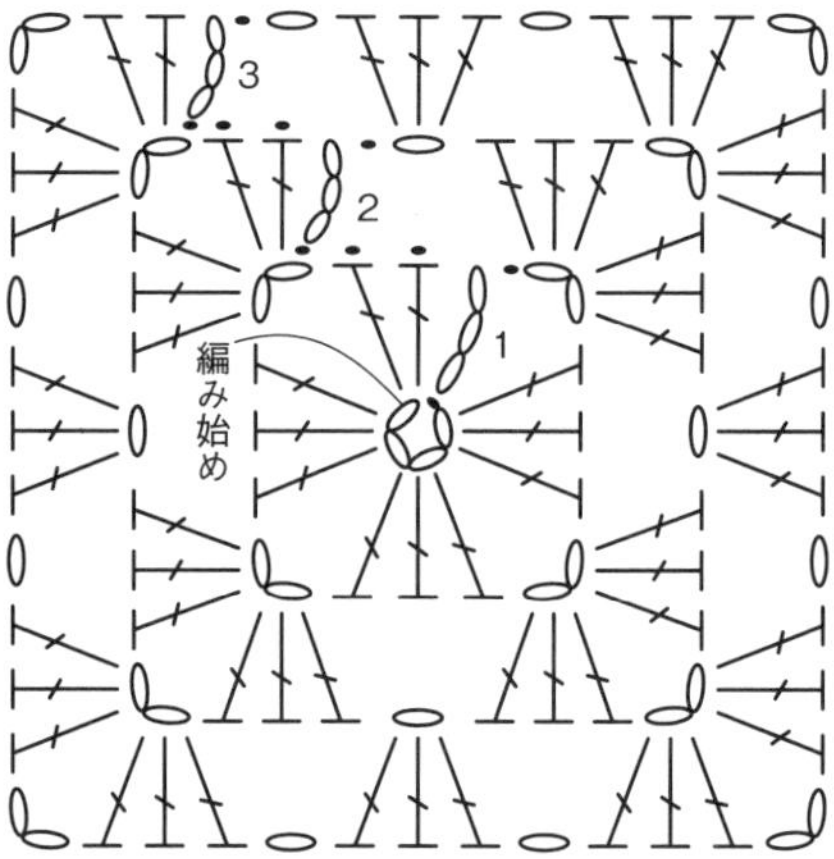

4段め以降を編む場合は、3段めと同じように、下段がくさり編み1目のところには長編み3目とくさり編み1目を編みます。下段のくさり編み2目連続しているところには1目めのくさり目に長編み3目、くさり編みを2目編み、次のくさり目に長編みを3目とくさり編み1目を編みます。

ドミノ編み（フェルティング）

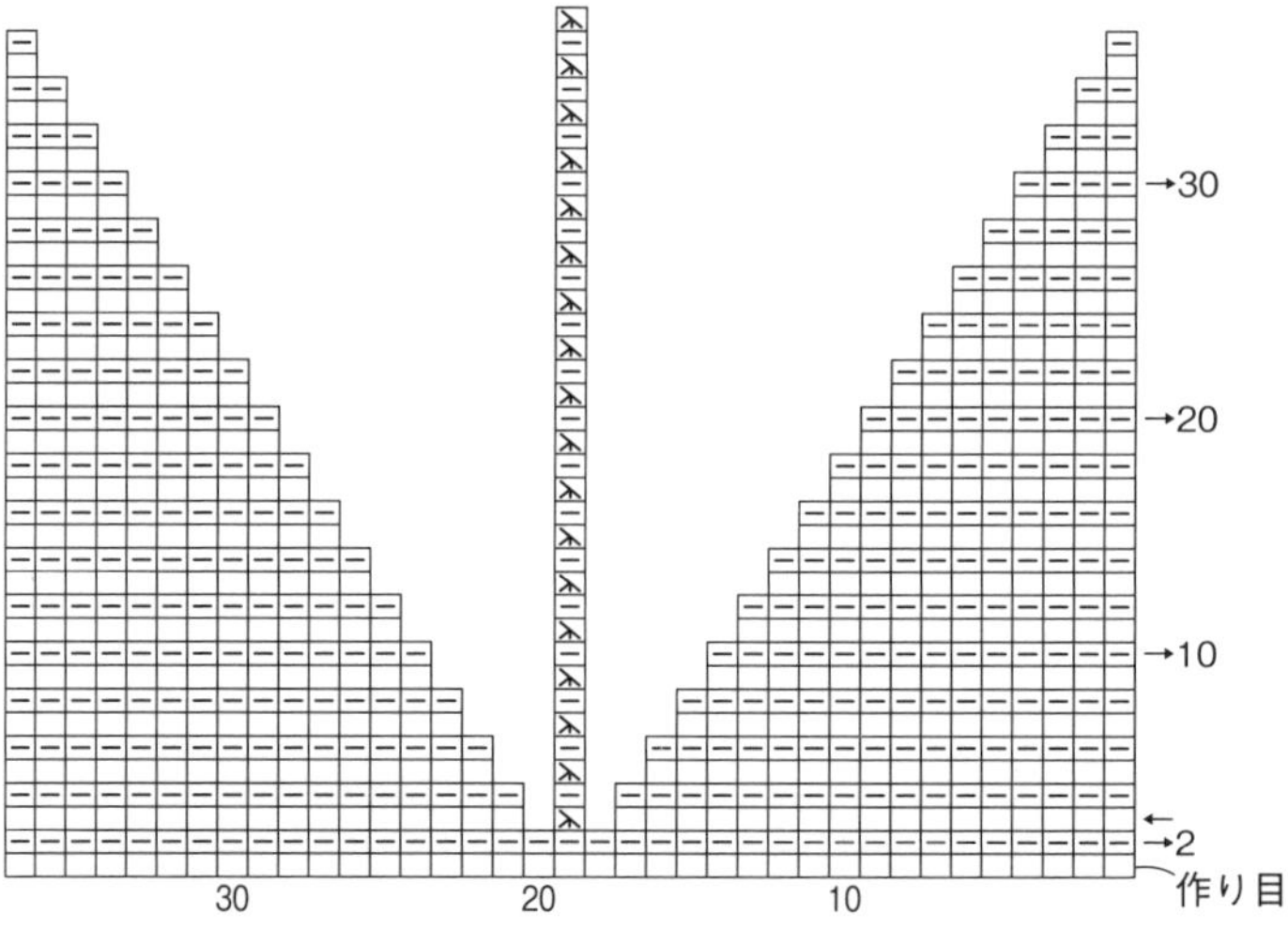

1枚で完結させる場合の編み図です。編み繋ぐ場合は、毎段最後の目は裏編み、2段め以降の1目めはすべり目にして編んで下さい。編み地の端がくさり状になって目が拾いやすくなります。

くさり編み

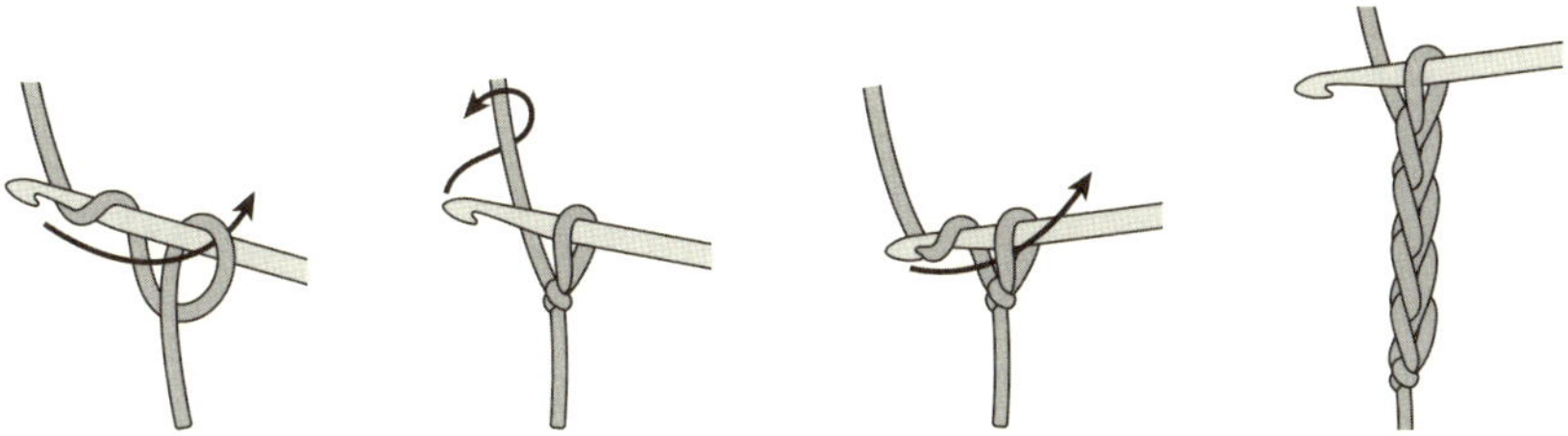

① 輪に針を入れ、糸をかけて引き出します（スリップノットができます）

② 続けて針に糸をかけます

③ 引き出して１目めを編みます

④ くり返して必要目数を作ります

長編み

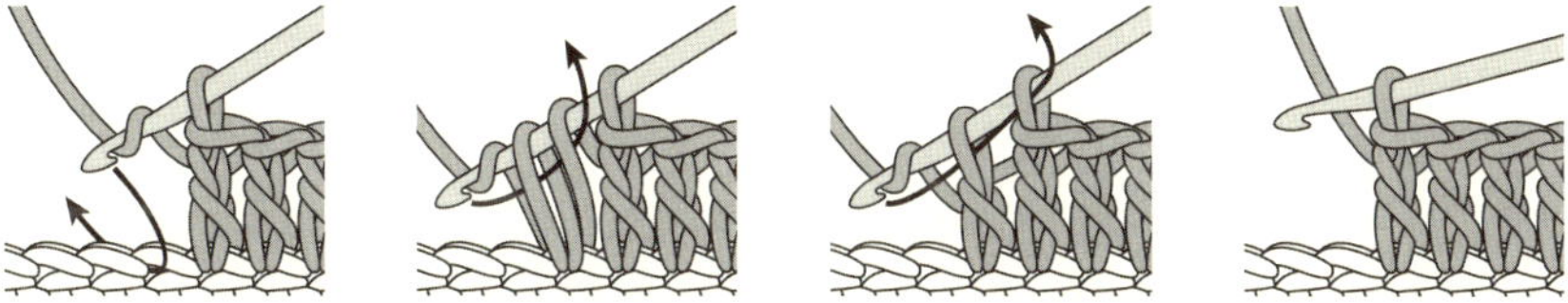

① 針に糸をかけて下段の目の頭に針を入れ、引き出します

② 針に糸をかけて針にかかっている糸2本引き抜きます

③ 再び針に糸をかけて同じように2本の糸を引き抜きます

④ 出来上がり

引き抜き編み

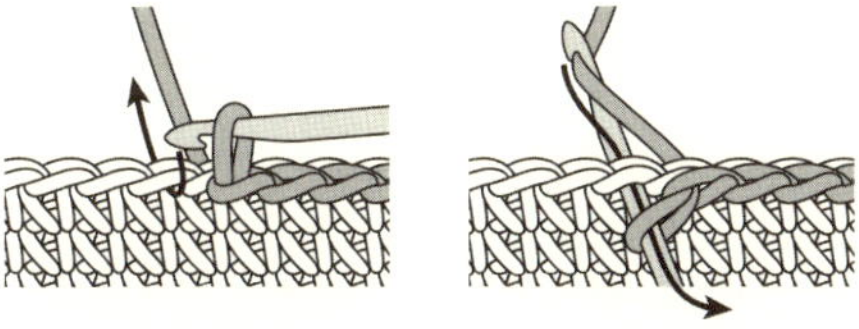

① 下段の目の頭に針を入れます

② 針に糸をかけ、針にかかっている糸を全て引き抜きます

編んで作る作り目

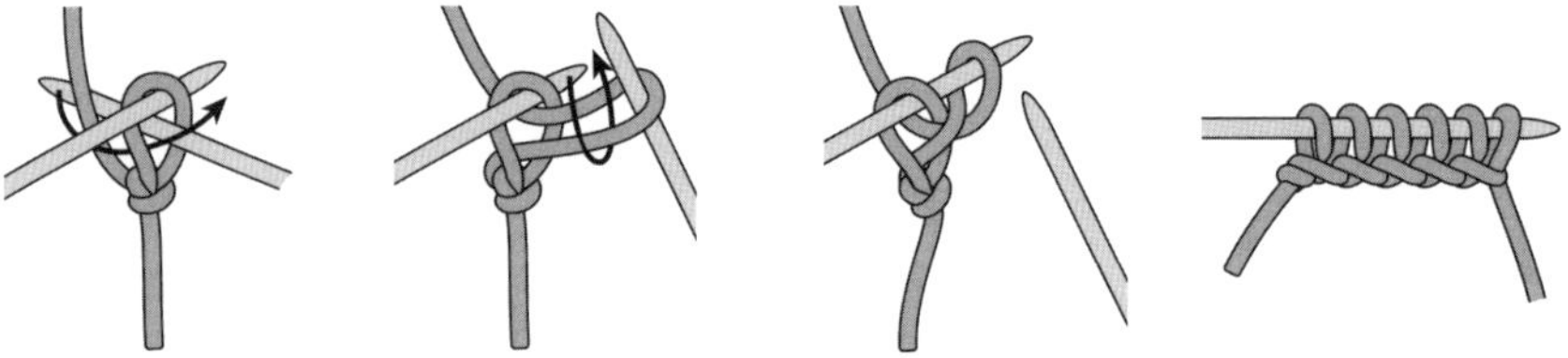

① スリップノット（くさり編みのスタートと同じ）を左針にかけ、表編みをするように右針を刺します

② 糸を引き出し、矢印のように左針を動かして糸をかけます

③ 右針を抜くと作り目ができます

④ くり返して必要目数を作ります

□＝｜ 表目

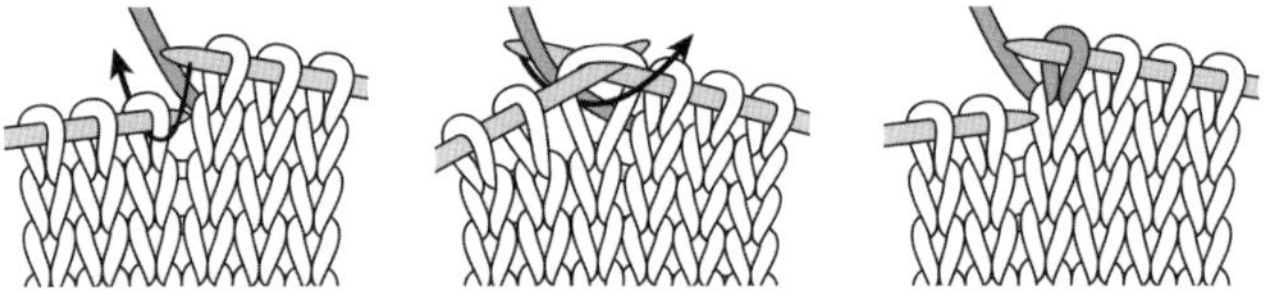

① 糸を向こう側において右針を手前から入れます

② 糸をかけて引き出します

③ 左針から外します

右上3目一度

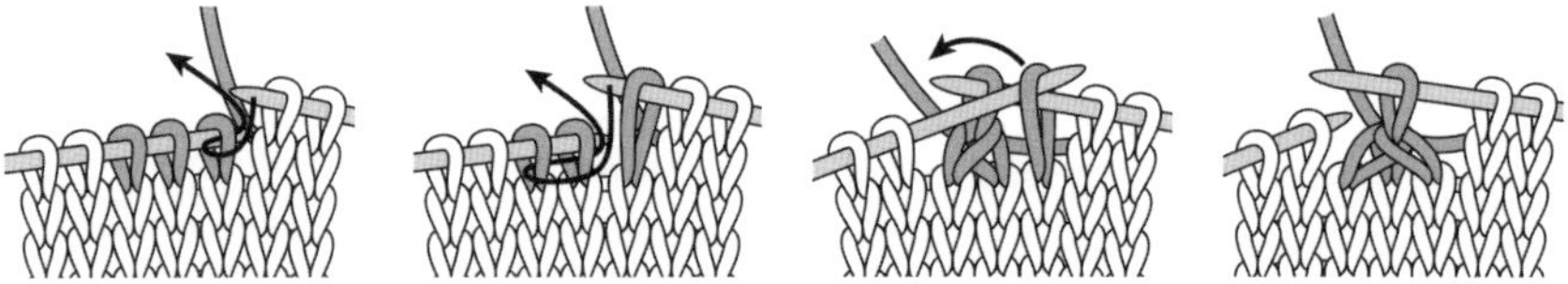

① 1目めは矢印のように針を動かし、右針に移します

② 2目めと3目めを一緒に表目で編みます

③ できた目の上に移した1目めをかぶせます

④ 右の目がいちばん上になり、2目減ります

道具

測る道具色々

日常生活の中で長さや大きさを測るという事は毎日ある訳ではありませんが、「ここは物差しや巻尺の出番」という場面がきっとある事でしょう。たとえばウエストサイズ、昔は9号が入っていたという人も、今の自分のサイズは意外に認識できていないものです。家具を買うときにも、置き場所の幅や奥行きの計測が必要です。これくらいかな~と買ってしまって、収まらなかったという事にもなりかねません。この場合に便利なのが金属製の巻き尺です。両手を広げても足りないような幅も難なく測れて、使うたびに感心します。

小学生のときには、ランドセルに必ず竹製の30㎝の「物差し」を差し込んで通学していました。竹製の物差しといえば、今は我が家にはありませんが、和裁用のクジラ尺もありました。反物の幅や昔からのあきの寸法などは、やはり寸や尺がしっくりきます。

竹には節があり、湿度によって正確さが保たれないという欠点があるとも言われますが、精密機械を作る訳でもないので特に問題は無いと思います。持ったときの感触も良く、水にも熱にも強く、優れものではないでしょうか。15㎝長さの竹のスケールはサイズが気に入っていて、ミシンの側にいつ

も置いて、縫いながらステッチ幅や縫い止まり位置の確認をしています。あるとき、うっかりミシンで縫ってしまったのですが、針が折れる事も無く（竹は少し裂けましたが）大事には至らず、その後も使っています。

私にとってスケールと言えばやはりソーイング用がメインです。いつの間にか色々な用途、形のスケールが集まりました。ソーイングで一番必要なのは方眼定規です。一般的な長さは50㎝で幅は5㎝、全体に方眼の線が入っていて、バイアステープを作る為の45度の線も入っています。普通の物差しと一番違うのはその材質です。薄くてペラペラしているので、袖ぐりや衿ぐりなどの曲線も測る事ができます。方眼が入っているので簡単に並行線を引く事ができて、型紙の製図だけでなく、実物大型紙を縫い代付きで写すときには欠かせません。ソーイングの途中でも縫い代の確認をしたり、三つ折り幅を測りながらアイロンをかけたりと大活躍ですが、注意しなくてはいけないのはアイロンです。三つ折りをするときに布と一緒にアイロンをかけてしまったり、うっかりアイロンの側に置きっぱなしにして熱で歪んでしまった事も。慌てて平らにしても後の祭り、意外に消耗品なのです。

方眼定規ほどではありませんが、使ってみたらその便利さに驚いたのが「Ｄカーブルーラー」です。アルファベットの小文字のｄに似た形からきた名前だと思いますが、型紙を作るときには衿ぐりや袖ぐりのカーブをきれいに引く事ができ、型紙に写すときにもカーブに合わせて線が引けるので、正確に写す事ができます。

初めて見つけたときは何に使うか分からず、はてな？　やがてそのアイディアに感心して、躊躇する事無く購入したスケールがあります。イギリス製で約５㎝角の青いプラスティックの薄い板ですが、四辺にデコボコがあり、それぞれの辺が６㎜、13㎜、19㎜など細かい寸法になっています。ステッチ幅を測ったり、三つ折り幅を測ったりと、本当に便利です。ミシンの側に置いても邪魔にならず、大変重宝しています。日本でも似たような形のソーイングゲージが作られていて、こちらは金属製なので、うっかりアイロンの側に置いても曲がってしまう事はありません。

巻尺もソーイングでの必需品。布の長さ、型紙の丈を測るなど、長いものを測るときに必要になります。円いケースの中心を押すとスルスルと収納されるタイプ、弾みをつ

けて中に戻し入れるタイプ、ケースが無いタイプもあります。センチメートルとインチが片面ずつ印刷された輸入品も見かけます。アンティーク風の、小さなハンドルを回してしまうメジャーは使い勝手がいい訳ではありませんが、ソーイングツールにはコレクションアイテムが少ないので、見つけるとつい欲しくなってしまいます。

洋裁では正確な印付け、型紙作りが基本です。とは言え、型紙を写したり、布を裁断したりしているうちに多少のずれが生じますが、神経質になるほどでもありません。

以前、仕覆《しふく》という茶道の茶入れや茶碗を入れる袋を作る作家のアトリエに伺った際、作業台にはノギスをはじめとした金属製の物差しの類いがありました。手縫い作家の道具のイメージとはかけ離れた印象に、私が驚いていたら、彼女は「サイズを正確に測らないとできない仕事なので」と説明してくれました。手縫いでも、誤差が許されない職人技の世界という事なのかもしれません。確かに、中に入れる道具のサイズに合わせて過不足無い袋に仕立てるためには、複雑な採寸が必要です。丸みのある道具を入れる袋なので、ノギスは必須の道具なのでしょう。

ソーイングの道具にもノギス風のスケールがあり、ボタンの直径を測るときにはやっぱり便利です。直径の寸法を忘れていたり、気に入ってサイズを気にせず買ったりしたボタンもありますので、きちんと測らないとボタンホールが作れませんし、既製服のボタンを付け替える場合でも、ボタンホールに合うかどうか寸法を確認しなければなりません。仕覆作家が使うようなノギスが欲しいと思ったものの、わざわざ探すほどではありませんでした。しかし最近見つけて購入。持っているだけで、なんだかいい仕事ができそうな気分になります。

パッチワークにも便利なスケールがあります。パッチワークの各ピースに付ける縫い代は7㎜が一般的らしく、端から7㎜の平行線があって縫い代の印付けがしやすいようになっています。又、接ぎ合わせるピースは何枚も必要なので、はさみではなく重ね切りもできるロータリーカッターでカットする方法が主流となり、縁が金属でガードされたスケールもあります。私の方眼定規は何にでも使うので、カッターの刃でところどころ削れているという情けない状態になっていますが、これならそんなこともなく安心です。

編み物にはニット専用のスケールがあります。それは針の太さを測る道具で、スケールではなく「ニードルゲージ」と呼ばれています。編み針には太さを表す数字が刻印やプリントされていますが、使っているうちに消えてしまったり、目立たないところに印されている場合もあるので、これを使うと便利です。しかし手元にあるものを試してみると、A社のニードルゲージの穴に入った編み針が、B社の同じ太さの穴に入らない、ということに気づき、意外にアバウトなのかもしれないと思いました。針の太さはたった0.3㎜の差でも編んだときの感触が違うので、どちらが正しいのか不安になりました。号数や太さがはっきりしなくても編み地のゲージを測ればいいわけですが、ちょっとクオリティが気になります。ニードルゲージにも色々なデザインがあって、ワークショップのときには参加者の方々のものを拝見するのも楽しみの一つです。

私の目下のお気に入りは、ストックホルムのミュージアムで見つけたキーホルダー式の折り尺。子供の頃に大工さんが使っているのを見て、その機能性に憧れていました。実用性もあって、黄色で可愛く、ちょっと自慢です。

はさみ考察

どのお宅にも、少なくとも一丁ははさみがあるのではないでしょうか。数えてみると、我が家には二十丁ほどもありました。すべてを使いこなしている訳ではありませんが、形のおもしろさに引かれて購入しているうちに、いつの間にか集まっていました。

種類別に分けてみると、洋裁など布関係には裁ちばさみ、糸切り用の握りばさみ、手芸用小ばさみ、ピンキングばさみ、紙用としては工作ばさみ、段ボール用はさみ、それ以外としてはキッチンばさみ、ガーデニング用、金属用などです。

形で分けると、「洋ばさみ」と言えばいいでしょうか、指を入れるところが二カ所あるものと、はさみ全体を握る「和ばさみ」の二種類があります。和ばさみは、羊の毛を刈るときに使う大きなはさみにも似ていておもしろいですね。しかしこの和ばさみは、海外でははさみと認識されていないのかもしれません。

十数年前、海外の空港での事です。日本に戻る飛行機の手荷物検査で「何かはさみを持っているでしょう」と聞かれ、いつも携帯しているソーイングセットの6㎝ほどの握りばさみと思って見せたところ、それではないと言うのです。これもはさみなのに、と思ったもののおとがめ無し。バッグの中をごそごそ探して分かりました。前日購入した、デザインが可愛い小振りの手芸用はさみのことでした。私より二日あとに日本に帰る友人が見送りに来てくれていたので、その友人に預けて事無きを得ました。この時とはまた別に、手荷物検査で小さなはさみが見つかった事がありました。このときはしばらく押し問答をしていたら、優しそうな男性職員が「シークレット、機内で振り回さないように」と言って通してくれました。その後、はさみはすべてスーツケースに入れて事前に預けることにしたので、最近は問題なく検査を通過できています。

はさみというのは、どんなものでもその「切れ味」が一番問題となります。特にソーイングをする人間にとって一番大事なはさみは、何と言ってもどっしりと持ち重りのする裁ちばさみです。サイズは17〜28㎝ほどで、プロの方は大きいサイズを使っているようですが、私は21㎝が使いやすいと感じています。素材は大きく分けて鋼とステンレスがあります。鋼は重みがあって、この重みで上手く切れると聞いた事があり、私もちょっと重いタイプが好きです。以前、軽さを売りにしたはさみをもらった事があり、私には頼りない気がしたのですが、母は「軽くていい」と言うのです。そのときはよく分かりませんでしたが、自分が当時の母の年齢になってみると、「軽いからいい」の意味が分かります。購入する際は、長さが自分の手に合うか、持った感じがしっくりするかを確かめるといいと思います。そして、切れ味を守るために、何があろうとも布以外は切らないように。

しかしソーイングをしない方々にとっては、紙切りばさみと裁ちばさみの違いが分からないようで、冷や汗をかいた事があります。息子が小学生のとき、お母さん達が集まって学芸会で使う小道具を作る事になりました。一人のお母さんが画用紙を切るのに私の裁ちばさみを使い始めました。あっと思ったときは既に遅く、彼女はじょきじょきと紙を切り、何事も無かったように（彼女にとっては当然ながら）テーブルにはさみを戻しました。私は非難する訳にもいかず、はさみをそっと彼女から手が届かないところに置きましたが、気が気でなく、はさみに目を配りながら作業を続けました。今思い出しても冷や汗が出そうな感じです。

布を裁断する際は、はさみをちょこちょこ動かすのではなく、刃の付け根から刃先までなるべく大きく使うと、すっきり裁つ事ができます。最後に、刃先が合ってきちっと切れる事はとても大切。縫い代に切り込みを入れたり、ちょっとカットしたりするときにも刃先を使いますので、刃先の切れ味が悪かったら本当に困ります。

握りばさみ、糸切りばさみ等の呼び名のある和ばさみは、小学生のときに使った裁縫箱に必ず入っていました。糸を切るのに何故このはさみが使われるのか、小振りの洋ばさみでもいいように思っていました。以前、母に作品の仕上げを頼んだときの事、本一冊分の作品となると結構な点数で、締め切りに追われていた私は、ミシン糸の縫い端を切ってもらうことにして、グリップがおしゃれな手芸用はさみを用意しました。しかし彼女は握りばさみがいいと言うのです。薄い手芸用小ばさみより、さっと取り上げる事ができるから、との事。たしかに色々な作業が必要な中では、握りばさみの方が使いやすそうです。ミシンの側に置いて糸を切るときも、握りばさみが使いやすく、ミシンに慣れた人の中には、これを目打ちのように、押さえ金の際で布を押さえるのに使う方もいます。刃先の二点で布を押さえるので目打ちより安定感がありますが、慣れないと布を切ってしまいそうで、残念ながら私はまだそこまで熟達していません。

握りばさみにはちょっと「トホホ」な思い出もあります。締め切り間近の仕事で、子供服を制作して

いたときの事です。間違った縫い目を握りばさみでほどいていたのですが、思わずくしゃみが出て、その拍子にはさみをぎゅっと握ってしまったらしく、作品を切ってしまったのです。もうがっくりです。気をとりなおして、急いで布を買いに行き、何とか間に合ったのですが、はさみを握ったままのくしゃみは厳禁で、その後は気をつけています。

形状の変わったはさみといえばピンキングばさみ。これでフェルトをカットするとギザギザのテープができて、ちょっとした飾りに使えます。一般的なソーイングや手芸での出番はめったに無いにもかかわらず、値段は結構するのですが、一丁持っていると嬉しいはさみです。手芸用はさみには、刃先が反ったものや片方の刃先が半円形になったものがあります。私はどちらも持っていませんが、刺した刺しゅうや布を傷つけることなく糸が切れるので、たしかに便利そうです。

道具好きとしては、珍しいはさみを見つけるとついつい購入しがち。持っている中で一番薄いはさみは厚さが1㎜くらい。切れ味は特にいいわけではありませんが、毛糸を切るのには問題なく、邪魔にならないのでかぎ針ケースに一緒に入れています。無骨な手作り感が気に入っているはさみには、ドミノ編みでケースを作りました。種子島で作られているはさみは紙切り用に使われることが多いのですが、私は手芸用として大切にしています。以前、デンマークの田舎で、握りばさみにそっくりな形のはさみを見つけました。日本のものと違って、これは握る部分より刃の方の幅が狭くなっていて、羊の毛刈りはさみに似ています。

今まで買ったはさみの中で一番変わっているのは「薔薇はさみ」かもしれません。これはフィスカース社（17世紀にフィンランドのフィスカルスに創業した、世界的なはさみメーカー）のもので、刃のところにカバーがついていて、カットした茎をそのまま つかめるようになっています。我が家のベランダは狭いのですがこれを使いたくて幾つか鉢植えを育てています。

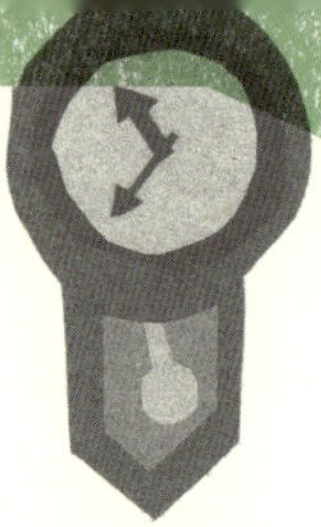

ミシンは機械

団塊の世代前後の人達にとって、ミシンの思い出は、男性であれ女性であれ、「そうそう、足踏みで、廊下の突き当たりにあって……」等々、皆の頭の中には似たような景色が広がっているようです。使わないときは機械の部分が台の中にしまってあり、机のような形状。台の脇と手前についている引き出しには、細々とした付属品やちょっとしたソーイング道具が

収納されていて、普段目にすることのない金属のボビンを眺めるのはなんだかワクワクするのでした。

足踏みミシンは小学校の家庭科でも使いました。最初はゆっくり丁寧に、段々速く、カーブでは又ゆっくりゆっくり丁寧に、という具合に、自分のソーイングの腕と縫いたい気持ちに合わせて足を動かし、手の延長のように縫うことができる感じが快適でした。機械のボディもなかなか美しく、装飾的な浮き彫りのパーツもほれぼれするようなデザインでした。

この足踏みミシンが電動式になったのは、私が中学生の頃でしょうか。電動式といっても今のようなコンパクトミシンではなく、外見は机のようで、置き場所はやっぱり定番の廊下でした。このミシンは部品を取り替えて、何種類かのジグザグ模様が縫えました。

電動式になってからコンパクトミシンが普及するまでには、それほど時間はかからなかった気がします。私が初めてコンパクトミシンを使ったのは、息子にタオルの腹掛けを縫ったときのことでした。自分がそうしてもらったように子供にも手作り服を着せたいと思い、一大決心をして「シンガー」の最新式を購入しました。値段は当時の大卒初任給より少し高かったのではないでしょうか。このミシンは本当に良くできていて、針目はレバーで好きな長さに調節でき、押さえ金の軸は垂直ではなく、先端が手前に出ていて、使いやすいタイプでした。これはスラント式と呼ぶそうですが、その後、軸が垂直のミシンに替えたとき、使いやすさに気づきました。このミシンの売り文句は「電子ミシン」ということでした。どこがどう違うのか分からないまま買ったのですが、針の止まり位置が決められたり、速度がボタンで調節できるというものだったようです。

その後子供服のデザインをするようになって、このシンガーで一体何百枚の子供服を縫ったことでしょうか。10年以上使ったある日、動かなくなり、近所のミシン屋さんに修理を頼んだところ、なんとモーターの力を伝えるパーツがすり減っていました。「よくここまで使いましたね」と年配のご主人に感心されました。修理をして使っていましたが、その頃から色々なミシンの情報が得られるようになり、「ハスクバーナ」というメーカーの、これだ！という機種を見つけました。ミシンでなにが面倒かというと、下糸が無くなったとき、上糸を針から外して下糸を巻かなくてはいけないことです。このミシンは、糸をかけたまま下糸が巻けるという優れものだったのです。既にシンガーから、針に糸を通したまま下糸を巻ける機種が発売されていたのですが、とても買える値段ではなく、ハスクバーナはそこそこの値段で、ワクワクしながら購入しました。その際、長年使ったシンガーは、残念でしたが、下取りに出すことになりました。

ハスクバーナはこれまた良いミシンで、

音が静かで、最速で踏んでもミシンが振動することもなく、これまた何枚の作品を縫ったことでしょうか。こんな便利な下糸の巻き方ができるミシンを、その後も知りません。

　私は他にも、昔から家庭用ミシンに不満があって、解消されたらどれだけ気分がいいだろうと思うことがあります。それは、ミシン用として売られている糸（２００ｍ）の長さの半分が下糸としてボビンに巻けたらいいのに、ということです。そのためにはボビンもボビンケースも、それを入れる釜も、すべて変えなければいけないので難しいかもしれませんが、上糸も下糸も縫い合わせるにはほぼ同じ長さを使うわけですから、途中で下糸を巻く手間が省けます。こう思うのは私だけでしょうか。

　又、ミシンを止めたときに針位置が上にくるということを長所として宣伝しているミシンが多いのも不思議です。確かに縫い終わって糸を切ったときに針位置が上にあれば、次に縫い始める作業が楽かもしれませんが、縫いつけたり、飾りステッチをかける際、角では一度ミシンを止めて縫う方向を変えます。こんなときには針が布に刺さったままの方が綺麗に縫えるのでは？　というのがソーイングデザイナーの友人と私の結論です。20年近く前、ハスクバーナの後に買ったミシン、スイス製の「エルナ」は針位置を上か下か自分で決めることができて、なかなかの優良品です。

以前、ソーイング雑誌で編集の仕事をしていたとき、読者からミシン選びについてよく質問を受け、何度かミシンの特集をしたことがあります。私なりに出した答えは、自分の基準を決めるということ。その基準というのは予算とソーイングの目的です。子供の入学準備にとりあえず必要ということなら、直線縫いやジグザグ縫いなど基本的な縫い方ができて、廉価なタイプで充分

です。色々ウェアを縫ってみたいということなら、ジグザグ縫いや裁ち目かがり、ボタンホールの幅などが変えられたり、飾り縫いもいくつかある、もう少し機能の多いタイプがいいでしょう。

この基準にもう一つ付け加えていただきたいのが、フットコントローラー付きにするという点です。ミシンのコマーシャルを見ていて気になるのは、手元にスイッチがあることを長所としていることです。手を添えて縫わなければいけないときに片手を離し、しかも縫っている針から目を離して速度調節やストップのボタンを操作するのはなかなか大変です。その点、フットコン

トローラーがあれば、速度は踏み込み式で調整できるので安心です。中にはフットコントローラーを強く踏んでもミシン自体が勝手に縫い始めの速度を落とすものもあって、そうした機種は足踏みミシンのような心地良さはありませんが、少なくとも手元だけの操作よりずっと安心です。

　雑誌編集の仕事ではミシンの扱い方に関しても、ミシン屋さんやメーカーの担当者、ときに読者から面白い話を聞くことができました。ミシンが動かない理由として一番多いのが電源の入れ忘れだとか、同様に上手く縫えない理由は実はきちんと糸通しができていないためだとか。今のミシンは糸をかけるところが見えにくくなっていて、意識して糸をかけないと外れてしまうことがあります。又、釜の部分に綿埃が溜まって上手く動かなくなることも、綺麗に縫えない原因となります。読者からの質問で驚いたのは、子供服の袖口は小さくてフリーアームに入らないのでどう縫ったらいいか、というものでした。テレビコマーシャルの弊害かもしれません。

　昔のミシンには油を注すための穴が幾つかありましたが今のミシンは油は不要になっていますし、コンピュータミシンの場合はマグネット製品を近くに置かないように等々、扱い方に昔とは違う注意が必要です。

　縫い物といえば女性の守備範囲のように思われますが、ミシンは苦手という女性が意外に多いのはミシンの語源が実は「マシン」だからかもしれません。

アイロンとアイロン台

アイロン掛けは、一番嫌いな家事の一つに挙げられると聞きますが、私の場合はむしろ好きな家事仕事です。しわくちゃのハンカチやシャツ、膝の出た男性用スーツのパンツ等を見ると、なんだかみすぼらしくてわびしい気分になりますが、それが段々にしわが取れて、掛け終わったときの変化に、満足感と達成感が得られるからです。

私にとっての最初のアイロンの記憶は、小学生になって理科で鉱物を習ったとき、母がアイロンの底をはずして中を見せてくれた事です。絶縁素材として雲母が使われていたので、それを見せてくれたのだと思います。アイロンの中にこんなものが入っているのか〜という不思議な思いもありましたし、薄い板状でキラキラした雲母はきれいでした。コイル状になった電熱線とキラキラした雲母の組み合わせは初めて見るものでした。今でもアイロンの中に使われているのか確かめようとしたのですが、私のアイロンは一体型になっていて開ける事ができず、分かりませんでした。さて、どうなのでしょうね。

中学生のときは、制服がプリーツスカートでした。でもアイロンを掛けるのではなく、同じ効果のある「寝押し」をしていました。寝る前に敷き布団をはがし、新聞紙を敷いてそこにプリーツを整えたスカートを置き、そっと布団を戻します。朝起きたら、自分の体重でプレスされてきれいな襞がついているという訳です。下手にたたむとそのまま変なプリーツになってしまうので、ここだけは慎重になります。これと似たような発想が「手アイロン」でしょうか。手の温度と押す力でちょっとしたしわが取れて、自然な感じになって、捨てたものではありません。

名前の由来になっている「アイアン＝鉄」からも分かるように、昔のアイロンは重いものでした。アイロンは滑らせて掛けるのではなく、プレスするものだから重くなくてはいけない、と聞いた事があります。今のアイロンは布の上を滑るように掛けるイメージですが、クリーニング屋さんのアイロン掛けの動きを見ていると、先や底面全体を上手に使い分け、プレスしたり滑らせたりしています。クリーニング屋さんのアイロン掛けで思い出した話があります。友人が「気に入っていたブランド品のワッシャー生地のシャツが、お店から戻ってきたらワッシャーがなくなっていて卒倒しそうになった」と言うのです。思わず笑ってしまいましたが、本人にとっては笑い事ではありません。「しわ」を残したままアイロンを掛けるのはプロでも難しいのか、ワッシャー加工と気づかなかったのか、それは分かりませんが……。

　ワッシャー加工をした布ではなくても、普通の木綿の「洗いじわ」をいい感じに残して、でも洗い上がりをそのまま着たのではくしゃくしゃしていて気になる——。糊のきいたしわ一つないシャツではなく、もっとカジュアルな雰囲気の、ほどよい「しわしわ感」と、ほどよくアイロンが掛かった清潔感に——。アイロン掛けはなかなか難しいものです。

　私が一番アイロンと向き合ったのは、息子の制服。中学、高校と、制服のワイシャツを延べ何枚掛けた事でしょうか。ウォッシュアンドウェアの生地といっても、洗ったままではやはり気になってアイロンを掛けていました。最初はアイロンじわを作ってしまい、なかなか苦労しましたが、干すときにスプレー糊を衿とカフスに多めに吹きかけておくと、アイロンを掛けるときにちょっと手抜きをしても見栄えが良くなることに気づきました。そうなるとアイロン掛けも楽しくなって、ズボン、上着の背中や肘のしわも気になり、どんどん掛けるようになりました。ところがある日「ワイシャツの袖山には折り目をつけないで」との要望が。この話を年上の友人にしたところ、彼女の

ご主人からも同様の注文があったそうです。男性にとってワイシャツはきっとこだわりのアイテムなのでしょう。

アイロンは衣類のしわを伸ばす以外に、洋裁ではなくてはならない道具です。大学時代、友人のお母さんが洋裁を習いに行っていました。ある日遊びに行くと、そのお母さんが「縫い合わせる前にアイロンを掛けると、仕上がりが全然違ってきれいに出来上がる事を習ったのよ」と話してくれました。そのときはそんなものかしら〜と思っていましたが、いざ自分がソーイング雑誌の編集に携わって、デザイナーの方々の縫い方を取材してみると、皆さんアイロン使いの達人で、アイロンなしで洋裁をするなんて！という仕事ぶりです。確かに脇を縫い合わせる前に袖口や裾の三つ折りをしておくと、後の作業がスムーズです。特に子供服の小さな袖口は筒に縫ってから三つ折りするのは大変ですが、縫い合わせる前なら何の苦もなく、ミシン掛けの際もまち針を細かく打つ必要は

ありません。又、布2枚を縫い合わせたとき、表に返す前に、縫い代の部分を縫い目の際から折ってアイロンを掛けておくと、角や直線がきれいに仕上がります。特にウールの場合にはアイロンを使うと使わないとでは、その違いは歴然です。ただ、ウールの性質上、スチームでしわが伸びるということはスチームが折り目を元に戻してしまう、ということにもなりますのでなるべく早く温度を下げる注意が必要になります。

アイロンになくてはならない相棒がアイロン台。昔は座卓の上に置く平らな台が多かったように思いますが、最近はスタンド式が一般的でしょう。近頃ではもっぱらカットソーの出番が多くなり、それにつれてわが家では大きなアイロン台の使用頻度は減ってしまい、ミトン形や小型アイロン台で大体間に合うのが現状です。手にはめて使うミトン形は、服をハンガーに掛けたまま細かい部分やちょっとしたところにアイロンを使えて便利です。袖のような細い筒状の部分には、タオル

を巻いたものを差し込んでアイロンを掛けると形が崩れません。

アイロン台の中には洋裁用として面白い名前、形のものがあります。万十という道具は名前の通りおまんじゅうのような形をしていて、ダーツのカーブをつけたり立体的になったところの縫い代を割ったりするときに使います。出番はほとんどありませんでしたが、引っ越しのときに2歳だった息子が新聞紙にくるんだこのアイロン台を見つけて、「何?」と聞くので「おまんじゅうよ」と言うと「食べる〜」と目が輝きました。しかし彼が大いにがっかりしたのは言うまでもありません。私が知る中で一番変わった形のものは、立体雲形アイロン台とでも言いたくなる板状のものです。「テーラーボード」という名前で、帽子のクラウン部分の縫い代を割るときや、衿先等の形が尖った部分を差し込んで使います。

スチームアイロンがなかった頃、アイロン台と同じくらい重要だったのが霧吹きです。中でもポンプ式で空気を圧縮してから使うタイプは、均一にきれいに霧吹きができました。しかし今ではスチームアイロンが主流になってきたので、霧吹きがなくともなんとかなります(霧吹き機能付きのアイロンも多い)。しかし以前のように霧吹きをして少しなじませてからアイロンを掛けた場合と、スチームアイロンとではやはり違いがあります。

日常の衣類の手入れにも、そして手仕事にも、アイロンは欠かせない道具です。今一度、見直してみたくなります。

誰でも楽しめる道具

手作りが苦手、という方に理由を伺うと、うまくできないからというお答えが返ってきます。編み物にしても刺しゅうにしてもミシン掛けにしても、初めから上手にできる訳ではなく少し練習が必要です。自分が思っているより時間がかかってしまうと、楽しめるようになる前にやめたくなるのも分かります。

　私が子供の頃には、子供でもすぐに手芸が楽しめる道具がありました。1つは四角いモチーフが簡単にできる「ヂヤンテイ織器」で、もう1つは花のようなモチーフが作れる「コッポ編み」という道具でした。

　母は機械編みで残った毛糸を「ヂヤンテイ織」にして接ぎ合わせ、ショールや茶羽織りを作っていました。私も見よう見まねで作った記憶があります。ヂヤンテイ織器は正方形の木枠に等間隔に釘が打ってあり、ここに糸を縦横にかけてから、先が少し曲がった長い針で平織りをするように糸をくぐらせると四角い織りのモチーフができる道具です。ほとんど練習も必要なく、誰でもできる優れものです。

　この織り機は何度も引っ越しを繰り返すうちに実家から姿を消しましたが、編み地や織り地を縮めるフェルティングを

試しているうちにこれを思い出し、購入しました。楽しかった記憶もよみがえり、思いつくままに色々な方法を試してみました。昔は一色で織りましたが、縦と横の糸を変えたり、織る糸だけ変えたり、織る糸を途中から変えたりしてできたモチーフを接ぎ合わせて、洗濯機で洗ってフェルティングをすると、まるでツイードのようなウール地が出来上がります。その楽しいこと！目が粗いのでしっかり縮まってフェルティングにぴったりです。

モチーフ作りそのものは楽しいのですが、昔は枠が木製だったのに、今はプラスチックの型抜きで味気ない感じです。ところがある日、仕事で知り合った若い刺しゅう作家が「家を片付けていたらこんな物が出てきました。何に使うかよく分かりませんが、林さんならご存知でしょう」といって昔の織り機をプレゼントしてくれました。釘はさびて木枠も少しがたついていましたが、プラスチック製よりずっと素敵で、時々使っています。

ある時、定期購読をしているアメリカの雑誌の表紙にこの織り機で作ったと思われるひざ掛けが載っていました。意外に思い、ヂヤンテイ織器の説明書をよく読むと、これは販売会社のオーナーがアメリカに視察に行った際に子供達が学校で使っていたのを見て、アレンジして作ったとあります。元々はアメリカの道具だった事が分かり、早速雑誌の記事を読んでみました。表紙写真のひざ掛けは執筆者の叔母さんが作った物で、洗っているうちに少しずつフェルティングされ、又昔の糸ですから色がにじんだりしていました。記述の中に「叔母のひざ掛けはウールとアクリル糸を混ぜて作ってあり、洗濯しているうちにウール糸だけが縮んでいる」とあります。糸選びには注意が必要です。

雑誌には織り方も載っていました。日本の織り機とは少し違っていましたが原理は同じ。このアメリカの道具も欲しくなってウェブサイトを見たところ、オークション形式で私にはさっぱり分からずあきらめました。この道具で、もの作りの楽しさを味わって、糸や手を使う事に慣れれば、他のちょっと練習が必要な手芸にも挑戦できるのではないでしょうか。

もう1つの懐かしい道具は、我が家ではなぜか「コッポさん」と親しみを込めて呼んでいました。薄いブルーで大きめのあんパンの様なドーム形になっています。トップに

は、小さな穴が同心円や斜めに沢山空いていて、穴に虫ピンを刺してそこに糸をかけ、丸や四角のフラワーモチーフを作る事ができます。使うのは極細糸が多かったと思います。かぎ針で編むよりも簡単で時間もかからず、繊細な雰囲気のレースモチーフができるのですから言う事無しです。当時はまだ和装の人が多かったので、このモチーフをつないだ和服用のショールをよく見かけました。ショールの他には赤ちゃんのケープや帽子にも使われていました。

同じ様なモチーフが作れる道具は今でも、形は違っていますが販売されています。しかし、昔の道具と比べて形に繊細さが足りない気がして、折角優雅なレースモチーフができるのに、そぐわない感じであまり使う気がしません。母に聞いても「コッポ」はもう手元にないと言いますので、古い店構えの手芸店を見かけるたびに「コッポ編みの道具はありませんか」と私と同年輩か少し年上の店主の方に伺う事××年。ほとんどの方がご存知で、「あ〜あのブルーのね」と話は弾むのですが、どこも取り扱っていませんでした。ネットを見ても、「オークションで買いました〜」という方のブログばかりで羨ましいったらありません。

もうあきらめようと思いながらも機会があるごとにコッポが欲しいと話していたところ、最近、その話を覚えていた方が「林さんの話を思い出して、サイトで見つけて手に入れたから」と送って下さり、何十年ぶりかに感激の対面をしました。この道具はスペイン領のテネリフェ島に伝わるテネリフレースをイメージして作ったのではないかと思って説明書を見るとやはりそうでした。アンティークのテネリフレースを作る道具は（写真でしか見たことがありませんが）、大きな木製の丸いスタンプのような形で、丸い部分にピンが打ってあり、そこに糸をかけて作るのです。テネリフレースには以前から興味があって道具が欲しいのですがどこに行けば手に入るのか分からず、もっぱらレースを見つけたら購入しています。東京でも手に入れましたが、フェロー諸島のアンティークショップではモチーフをつなげたテーブルセンターを何枚も見つけました。レースというのは暮らしを豊かな気分にさせてくれるものです。現代と違って手作りがホビーではなかった時代、不器用な人でも器用な人と同じ様なものが作れる道具は必要だったのでしょう。

ふたつの道具以外で思い出すのは、女の子なら誰でも一度は体験したことがあるであろう「リリアン編み」です。ロープが簡単に編めて、原理的には子供だましとは言えないものです。専用糸の色と質感が子供っぽくて不満はありましたが、編む事自体は楽しくて何本も編んだ記憶があります。つい最近、毛糸で編んだロープを何本も並べてとじ合わせ、両端にタッセルをつけてマフラーにした作品がアメリカの雑誌に載っていました。手芸道具としての「大人向きリリアン編み器」も出ていて、これでロープを作れば、最初から編むより簡単に、マフラーやショールができそうです。

　この「リリアン編み器」と同じような目的の道具があります。木製でY字形をしていて、Yの両端に糸をかけて編み、細いコードを作るのです。輸入玩具屋で購入したので子供のおもちゃだと思っていたのですが、調べてみると古い北欧のミトンにはこれで作ったひもが付いていたとか。このような、生活に必要な物を、誰にでも簡単に作れる道具をもう一度見直してみたくなりました。手作りの実用性、装飾性どちらの要素も暮らしに欠かせません。

林 ことみ

子供の頃から刺しゅうやニットに親しみ、子供が生まれたことをきっかけに雑誌で子供服のデザインを発表。その後手作り雑誌の副編集長を勤め、フリー編集者になってからはハンドクラフト本を企画編集している。2000年からは北欧で開かれるニッティングシンポジウムに参加し、北欧のニットを紹介する本を数多く出版。

装丁・デザイン　那須彩子（苺デザイン）

イラストレーション　霜田あゆ美

撮影　松本のりこ

製図　株式会社ウエイド　手芸制作部（関 和之、原田鎖郎）

日々《ひび》の暮《く》らしの中《なか》に残《のこ》したい 手《て》づくりを愉《たの》しむコツと工夫《くふう》

手《て》仕《し》事《ごと》礼《らい》讃《さん》

2017年11月19日　発　行　　NDC594

著　者　林《はやし》ことみ

発行者　小川雄一

発行所　株式会社 誠文堂新光社

〒113-0033　東京都文京区本郷3-3-11

（編集）電話03-5805-7285

（販売）電話03-5800-5780

http://www.seibundo-shinkosha.net/

印刷所　株式会社 大熊整美堂

製本所　和光堂 株式会社

ISBN978-4-416-71708-0

本書は『暮しの手帖』（暮しの手帖社）、各種新聞で連載したものを再編集、一部加筆したものです。